U0587120

淘宝 天猫 京东 拼多多

开店运营一本通

孔林德◎编著

民主与建设出版社

·北京·

© 民主与建设出版社，2020

图书在版编目（CIP）数据

淘宝、天猫、京东、拼多多开店运营一本通 / 孔林
德编著 . -- 北京：民主与建设出版社，2020.3（2024.6 重印）
ISBN 978-7-5139-2922-6

Ⅰ . ①淘… Ⅱ . ①孔… Ⅲ . ①电子商务－运营管理
Ⅳ . ① F713.365.1

中国版本图书馆 CIP 数据核字 (2020) 第 030610 号

淘宝、天猫、京东、拼多多开店运营一本通
TAOBAO TIANMAO JINGDONG PINDUODUO KAIDIAN YUNYING YIBENTONG

编　　著	孔林德
责任编辑	胡　萍
装帧设计	尧丽设计
出版发行	民主与建设出版社有限责任公司
电　　话	（010）59417747　59419778
社　　址	北京市海淀区西三环中路 10 号望海楼 E 座 7 层
邮　　编	100142
印　　刷	衡水翔利印刷有限公司
版　　次	2020 年 3 月第 1 版
印　　次	2024 年 6 月第 3 次印刷
开　　本	710mm×1000mm　1/16
印　　张	13
字　　数	228 千字
书　　号	ISBN 978-7-5139-2922-6
定　　价	55.00 元

注：如有印、装质量问题，请与出版社联系。

随着电子商务的火热发展，众多电商平台如雨后春笋般涌现，推出了各种经营模式。网上开店也成为一种潮流，受到众多创业人士的青睐。然而，要想把网店做好，成功实现盈利，却没有那么容易。

网上开店其实是一门大学问，它不仅是销售产品那么简单，还包含了营销、物流、美工、SEO、商务谈判、仓储管理等多方面的内容。在电子商务发展的初期，许多人凭借运气和闯劲儿获得了成功。现在市场竞争日趋激烈，对从业者提出了更高的要求。要想成为一个合格的网店店主，必须不断学习，不断提升自我。

本书分为四个部分，从开店准备开始，再到店铺装修、运营推广、客户服务等，对网上开店的各种细节进行全方位解读，向读者全面介绍网上开店的方法和诀窍。

1. 选择合适的平台

新手卖家在选择平台时，往往对相关知识缺乏了解，总是根据自己的喜好，盲目选择平台。目前国内电商平台淘宝、天猫、京东、拼多多，都有各自的经营策略。只有结合自身情况，方能选择合适的平台，早日实现盈利。

2. 进行装修和设计

店铺装修的好坏，会直接影响消费者对店铺的感觉及购物体验，从而极大地影响成交率。在这一部分内容中，我们将向您介绍店铺装修中最主要的几个环节，包括店铺首页、图片编辑、视频编辑、详情页设计、文案撰写以及移动店铺装修的小技巧。

3. 加强运营和推广

运营和推广是提升店铺销量的关键，也是维持店铺日常运转的主要工作形式。本部分着重介绍了平台推广工具、SEO优化、关联销售、平台大促、数据分析、用户运营等内容，对运营和推广进行了全面而深入的介绍。

4. 客户服务系统

在电商行业，发展一个新会员，往往比留住一个老会员更加困难，前者的成本是后者的3~10倍，因此通过优质服务留住老客户，已经成为众多店铺的重点工作。

在编写本书的过程中，我们咨询了多位资深运营人士，同他们进行了多次交流，并针对很多问题进行了探讨，例如：如何为商品设置合适的定价？如何循序渐进地推进店铺的运营？如何在短时间内吸引流量？如何用简单有效的方法提升转化率？如何才能留住回头客？

读完本书，您将了解网店运营的诀窍，轻松玩转淘宝、天猫、京东、拼多多，大幅提升经营能力。

目录
Contents

第三部分 运营推广

目录
Contents

▼

第四部分 客户服务

后 记

第一部分　开店准备

店铺运营的每一步都是环环相扣的，在开店之前，我们必须对电商平台的系统有一个清晰的认知，并且做好充足的准备。在这部分内容中，我们将首先对淘宝、天猫、京东和拼多多这四大电商平台的特点进行简要的介绍，并带您深入了解店铺该如何创建，让您充分了解网上开店的具体方法。

第一章

综合对比，选择合适的平台

对于电商从业者来说，第一步是选择适合自己的平台。在开店之前，我们应当对店铺有充分的认识。不同的店铺，需要不同的经营策略。目前国内规模比较大的网店平台有淘宝、天猫、京东和拼多多，这四大平台各有特色。

网上开店必须了解的知识

随着科技的发展，网上购物已经成为一种潮流。很多年轻人将目光投向了开网店，他们认为，和找一份安稳的工作相比，利用网络进行创业是一条更好的出路。

网上开店的优缺点分析

和实体店铺相比，利用网店进行创业主要有以下几种优势。

1. 市场规模庞大

如今，越来越多的人开始在网络上购物，各大网店平台的交易额也在不断刷新。

数据来源：国家统计局。

图1-1　2011—2018年中国电子商务交易总额

2019年2月28日，中国互联网络信息中心（CNNIC）发布了第43次《中国互联网络发展状况统计报告》（以下简称《报告》）。《报告》指出，截至2018年12月，我国网民规模为8.29亿，网络购物用户规模达到6.1亿。2018年全国电子商务交易总额达到31.63万亿元，其中商品、服务类电子商务交易总额为30.61万亿元。如此庞大的市场规模，在世界上是绝无仅有的。

从数据可以看出，消费者对网购的热情非常高，并且仍在持续上涨。

2. 成本较低

和实体商店相比，网上开店可以节省很多成本，例如店铺租金、水电费等。开一家小小的网店，需要的资金并不多。至于网店的装修成本，则可以考虑在创业初期借用一些免费模板，之后再加大投入。

3. 操作方便

网上开店是比较容易的，没有太高的技术门槛，所有的操作都可以轻松完成。如今，借助电脑、手机等工具，人们可以随时随地办公。

当然，任何事物都有优点与缺点，网上开店也不例外。例如，网店只能通过照片来展示商品，无法让客户获得直观感受，这会给销售带来影响；客源不稳定，导致客流量时好时坏；店铺信誉的评定，是网店的一大特色，但也会给新店铺的发展带来困难，相信很多新开店的卖家对此都深有体会。

网店的几种类型

目前，网上店铺主要有以下几种类型：

（1）B2B（business to business）：企业与企业开展交易活动的商业模式，代表性企业有阿里巴巴、慧聪网、中国制造网、环球资源企业网等。

（2）B2C（business to customer）：企业与个人之间的一种交易模式，在国内具有代表性的有天猫、京东、国美、苏宁易购等。

（3）C2C（customer to customer）：个人与个人之间的一种交易模式，具有代表性的企业有淘宝、拍拍、易趣等。

淘宝：商品种类齐全的综合性网店

淘宝网成立于2003年，由阿里巴巴集团投资创办。淘宝网推出之后，短短几年之内就成功占据了国内市场，成为电子商务领域的领头羊，也是众多商家开办网店的首选。

淘宝网的发展历程

1999年，马云在杭州的一栋公寓内创立了阿里巴巴，主要做全球贸易批发生意。当时中国的线上经济几乎为零，阿里巴巴是当之无愧的领导者。

图1-2　淘宝网首页

几年之后，马云又将视角向C2C领域，创立了淘宝。

淘宝刚刚成立时，面临着众多挑战，其中包括来自国外先进企业的竞争压力。在淘宝成立之前，eBay在市场上拥有极高的知名度，也是国内市场上最大的在线交易社区，但始终未能将市场扩大。

马云意识到，要想从市场中脱颖而出，就必须做出自己的特色。因此，马云在现有经验的基础上，对淘宝进行了一次大改进。eBay实行的是付费模式，店家和消费者都要交钱，而淘宝则免除了开店的费用，于是在短时间内吸引了一大批淘宝店主，平台上出现了各种各样的商品。

淘宝对以往各种平台的经验进行了整合，形成了一套特有的盈利模式。第一，淘宝为店主提供优质的服务，然后收取一定的费用；第二，淘宝为商家打广告，以赚取广告费用；第三，淘宝上的交易需要使用支付宝，其中的资金流非常可观，这也会产生很高的利润。

大而广的淘宝平台

和天猫、京东、拼多多等平台相比，淘宝的经营范围很广，不仅有商品，还有服务。2016年3月29日，阿里巴巴集团CEO张勇为淘宝规划了三条战略方向：社区化、内容化和本地生活化。淘宝上有众多独具特色的主题市场，如鲜花、宠物、农资甚至房产等，能够满足多个领域内的商家的需求。

主题市场				特色市场		
女装	男装	内衣	鞋靴	爱逛街	美妆秀	全球购
箱包	婴童	家电	数码	腔调	淘女郎	星店
手机	美妆	珠宝	眼镜	极有家	阿里拍卖	淘宝众筹
手表	运动	户外	乐器	飞猪	亲宝贝	闲鱼
游戏	动漫	影视	美食	农资	天天特卖	Outlets
鲜花	宠物	农资	房产	俪人购	聚品品	淘抢购
装修	建材	家居	百货	全球精选	非常大牌	试用
汽车	二手车	办公	定制	量贩团	阿里翻译	

图1-3　淘宝网的主题市场

淘宝网的准入门槛很低，只需要根据指引进行实名认证，便可以开通一家属于自己的店铺。再加上投入少、机会大、上限高等特点，于是很多人选择在淘宝创业。

如今，淘宝网已经成为中国市场上规模最大的电子商务平台之一，业务遍布美国、韩国、日本、新加坡、澳大利亚等。根据阿里巴巴集团公布的数据，截至2018年12月31日，淘宝的移动月度活跃用户数量接近7亿。

在淘宝开店也有一定的缺点，如今的淘宝商家需要面临激烈的竞争环境，直通车、钻展等引流方式都需要不少资金，这对很多创业者而言都是不小的压力。

天猫：众多品牌入驻，质量更有保证

天猫商城和淘宝网同属阿里巴巴旗下，但是在经营模式上有很大的差别。天猫的要求更严格，因此质量也更有保障。

天猫商城的特点

天猫是在淘宝的基础上发展起来的，原名淘宝商城，创建于2008年，是一个综合型购物网站。在成立初期，天猫的经营模式和淘宝一样，凭借着免费模式和接地气的风格，在市场上占据了主导地位。这样做的缺点也很明显，就是很难保证品质，因此天猫的升级是必然的选择。

2012年，淘宝商城正式更名为"天猫"，推出天猫专营店，提升了天猫的商品品质，与京东、苏宁等商家展开对抗。

相比之下，天猫的准入门槛比淘宝高得多，使得天猫能够为顾客提供质量更高的服务，天猫的所有商家都是经过审核的，更值得信赖。

天猫店铺的三大类型

天猫商城中的店铺，主要包含三种类型。

1. 天猫旗舰店

商家以自有品牌（商标为R或TM状态）入驻天猫开设的店铺。旗舰店是自有品牌企业，可以经营同一个品牌、同一个一级类目下的所有产品。开设旗舰店的第一步是注册商标，取得国家商标总局颁发的商标注册证或商标受理通知书。

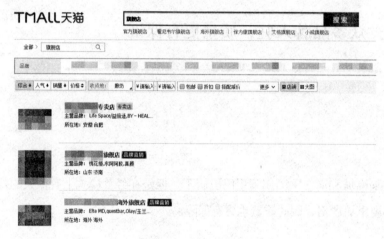

图1-4　天猫上的旗舰店

2. 天猫专卖店

商家持品牌授权文件在天猫开设的店铺，只能经营一个授权销售品牌商品。专卖店的所有者必须是取得该品牌所有者或者公司正式授权的企业法人。

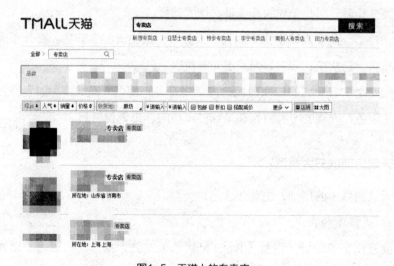

图1-5　天猫上的专卖店

3. 天猫专营店

经营天猫同一招商大类下两个及以上品牌商品的店铺，可以既经营他人的品牌商品，又经营自有品牌商品，但是一个招商大类下只能申请一家专营店。相对来说，天猫专营店的要求比天猫旗舰店更低，店铺的名称不需要与品牌名保持一致。

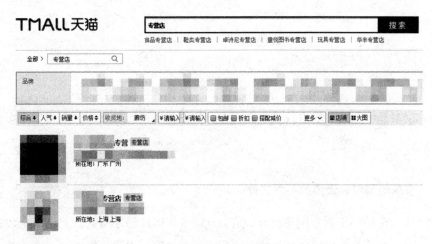

图1-6　天猫上的专营店

京东：自有物流体系，售后更加方便

京东是中国最大的自营式电商企业，凭借优秀的服务水平，赢得了众多消费者的信任和喜爱。

京东与淘宝、天猫的不同之处

马云在1999年创立阿里巴巴，在2003年5月10日创办淘宝。刘强东于1998年成立京东，主要经营线下市场，直到2003年才开始考虑进军电子商务领域。京东和淘宝的创立时间十分接近，可以说是在同一时期创立的，但是二者在经营模式上有很大的区别。

淘宝本身并不参与销售商品，只负责提供平台，因此淘宝吸引了无数创业者，带来的是各种各样的产品。而京东最初是一家零售公司，销售电子数码产品，并且是光磁产品领域最具影响力的代理商，进入电子商务领域之后，京东仍旧延续自营的模式，主要经营电子数码产品。为了提升店铺的口碑和销量，京东努力提升产品品质和服务质量。

天猫和京东同属B2C性质，但天猫是开放式平台，而京东更像是价值链整合。京东是以产品流管理为战略核心的自营电商，赚取差价，经营重点在于现金流管理和信息流管理，形成业务闭环、在线零售的特点。在产品流方面，京东的优势比较明显，尤其是在高客单价的3C类产品领域。

在物流方面，京东和天猫采取完全不同的物流配送模式。京东投入了巨额资金，建立了自己的仓储和物流系统。且京东采取分布式库存管理，提前把各供应商库存汇集到各区域，消费者下单以后，系统会自动在最近的仓库调货，从而实现快速配送。天猫则完全依赖第三方物流配送，通过菜鸟网络实现对第三方物流的资源整合。

虽然京东的规模不如淘宝和天猫，但是它凭借自己独特的优势，成为电商行业不可忽视的一股力量。同时，京东在各个方面对商家进行扶持，特别是在京东618到来之际，对商家的扶持还会加大，很适合那些有一定的从业经验，希望扩大生意规模的商家。

图1-7　京东物流

京东店铺的三种类型

和天猫相似，京东的入驻店铺也分为以下几种类型。

1. 官方旗舰店

官方旗舰店是指商家以自有品牌（商标为R或TM状态），或由权利人出具的在京东开旗舰店的独家授权的文件（授权文件中应明确独占性/不可撤销性），入驻京东开放平台开设的店铺。

图1-8　京东上的旗舰店

2. 京东专营店

京东专营店，是指经营京东开放平台相同一级类目下两个及以上他人或自有品牌（商标为R或TM状态）商品的店铺。

图1-9　京东上的专营店

3. 京东专卖店

京东专卖店，是指商家持他人品牌（商标为R或TM状态）授权文件在京东开设的店铺。

图1-10　京东上的专卖店

拼多多：社交+购物，让网购更有温情

和淘宝、天猫、京东相比，拼多多是后起之秀，成立至今不过短短几年，然而它很快就成长为国内较大的电子商务平台之一。

社交购物让获客成本更低

拼多多是一家专注于C2B模式的第三方社交电商平台，即消费者先提出需求，然后由生产企业按需求组织生产。C2B模式有两种表现：一种是众筹，另一种是拼购。拼多多属于后一种模式。

以前，人们在网购时，大多是一个人守在电脑旁，独自享受网购的乐趣，但是时间久了，人们对此逐渐感到麻木。拼多多抓住了人们的这一痛点，让网购具有了强烈的社交属性，使得以往的购物模式具备了交互体验。用户通过发起和朋友、家人、邻居的拼团、砍价，可以用更低的价格购买商品。

在互联网时代，这种"低价+社交"的购物模式，给人们带来了全新的购物体验，也给拼多多带来了病毒式传播的效果。在社交购物的侵袭下，每个人都是一个传播媒介，只要商品足够诱人，社交效应就会充分发挥作用，达到一传十、十传百的效果。

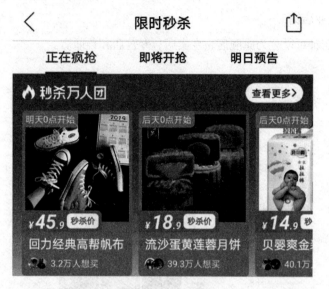
图1-11　风靡一时的拼团抢购

在使用媒介上,拼多多和淘宝、天猫、京东有很大的差别,后三者出现的时间较早,因此主要是针对使用电脑的用户而设计的,而拼多多迎合了移动互联网的发展,针对的是使用手机的人群。

虽然人们对拼多多也有诸多质疑,但是数据的增长说明了市场对这种营销模式的认可。基于庞大的用户流量,以及拼多多对中小商家的优待,很多中小商家纷纷选择拼多多。例如,拼多多学习淘宝的0元入驻策略,并且简化入驻程序,很多淘宝商户开始进驻拼多多。

拼多多的店铺类型

按照经营主体进行划分,将拼多多上的店铺可以分为个人店铺和企业店铺。

1. 个人店铺

拼多多对个人开店的要求很少,个人店只需提供个人的身份证信息,个体工商店只需提供身份证与营业执照等信息即可。

2. 企业店铺

企业店铺可以分为旗舰店、专卖店、专营店和普通店。

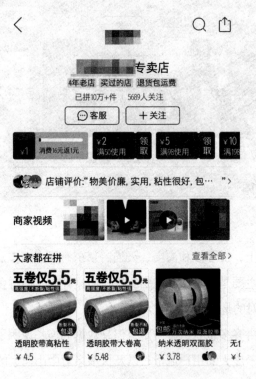

图1-12 一家拼多多店铺

（1）旗舰店：经营1个自有品牌或者1级授权品牌的旗舰店。

（2）专卖店：经营1个自有品牌或者授权销售的专卖店（不超过2级）。

（3）专营店：经营1个或者多个自有/他人品牌的专营店。

（4）普通店：指普通企业店铺。

第二章

多种途径寻找优质货源

电商行业发展至今，已经成为一个竞争激烈的行业，甚至在寻找货源的阶段，大大小小的网店就已经开始了角逐。刚刚入行的卖家，可能体会不到货源的重要性，把重心放在了营销上，然而在现实生活中，只有拥有优质货源，经营才会水到渠成。本章就是教大家从哪些渠道寻找优质货源。

选择合适的商品

如果你想自己开网店，首先要确定卖什么产品，这是至关重要的一步，它关系到你的网店今后的业绩走向。选择一种合适的商品，能够让你找到成功的捷径。

网上店铺的商品种类

首先，我们可以了解一下网店上的商品种类。以淘宝为例，按照商品的特性，我们可以将淘宝上的商品大致分为三类：实物类、虚拟类、本地服务类。

1. 实物类

主要指看得见摸得着的商品，淘宝上的商品大多属于此类，例如服装、鞋靴、箱包、家电、手机、珠宝等，这些商品与人们的生活息息相关，因此销售量很大，吸引了众多商家参与其中。虽然此类商品的需求量大，但是竞争很激烈，新手开店的难度较高。

图2-1　淘宝上的实物商品

2. 虚拟类

主要指影音软件类产品，如话费充值卡、点卡、游戏会员等。此类产品与实物类产品的发布流程不同，具有无物流成本、存储方便等特点。

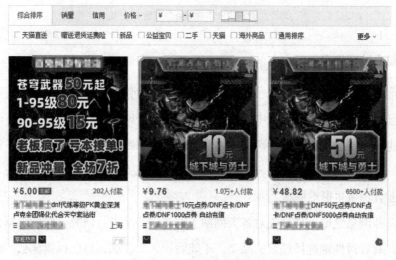

图2-2　虚拟类商品

3. 本地服务类

主要指生活周边的服务型商品，或是不便在线上发货，需要与线下结合的商品，例如订餐服务、生活超市、休闲娱乐等。

图2-3　本地服务类商品

精心选择商品

淘宝成立时，中国的电子商务市场几乎是一片荒原，经过十几年的发展，网购已经成为人们日常生活中不可缺少的一部分。网购变得越来越方便，同时竞争也越来越激烈。接触网购较早的那些商家，只要是坚持下来的，大多收获颇丰。很多人想复制前人的成功经验，却发现网店太难做了，不仅开店成本很高，而且销量也很难提高。

在开网店之前，必须先对各大网站上的热销产品进行研究，然后根据自身条件，有针对性地选择经营的品类。不能别人卖什么，自己就卖什么，而是应该尽量找自己熟悉或者擅长的领域，同时根据当地的货源情况进行比较，做出明智的选择。

新手在开店时，要尽量避免选择以下几种商品：

（1）需要大额流动资金的商品，例如电脑、手机、大型家电等，这些商品经常产生压货现象，因此需要投入高额成本。

（2）需要高额返利的商品，例如粽子、月饼、红酒等，这些商品的销量不错，但是受节日的影响较大，竞争尤为激烈，因此商家往往用高额返利的方式抢夺客流。

（3）需要批量发货、价格低廉的商品，例如袜子、纸巾等，此类商品的利润薄，需要投入大量时间和资金成本。

（4）需要大批量囤货的商品，例如百货、五金等，此类商品同样对资金有较高的要求。

精心选择进货渠道

选好店铺将要出售的商品以后，接下来要做的是找到合适的进货渠道，以最低的价格购买产品，然后把产品放在网店上，利用差异化定价获取更多利润。

网店进货的几种方式

初次创办网店时，最难的就是寻找货源，尤其是寻找一个可靠的货源。货源的好坏决定着店铺的命运，拥有好货源就能更好地经营一家网店。

网店进货一般有以下几种方式。

1. 代销

假如你想开网店卖东西，却找不到货源，或者不愿意像快递员那样不停地跑来跑去，那么你可以选择代销。

代销就是与网店上的供货商合作，由供货商提供商品数据包、拍照等一系列服务，你只需要把商品数据包发布在自己的淘宝店铺上。等客户下单以后，把订单信息提交给供货商，剩下的工作由供货商来完成即可。

图2-4 中国货源网

代销的好处有很多，其中一点是不用担心库存积压的问题，但是对营销的要求较高，因此比较适合营销能力强的创业者，代销的货源可以上阿里巴巴1688网站去找。

2. 批发市场

从批发市场进货是很多人的首选，它有很多好处。第一，从批发市场大批量进货，可以压低价格，降低经营成本；第二，从批发市场进货，店主可以对产品的质量有更直观的了解；第三，可以根据当天的订单销售情况发货，减轻库存压力，退换货也比较方便。如果你在本地的批发市场有熟悉的供应商，就会为你的店铺经营提供很多便利。

3. 寻找厂家

从厂家直接拿货，价格一般会非常便宜，现在很多厂家都是在电子商务平台上直接寻找客户的，卖家可以在网站上寻找厂家进行长期合作。

筛选出适合自己的货源

找到了货源还不够，还要对货源进行筛选，留下最好的货源。对于货源的筛选，可以根据以下几个标准去判断。

1. 售后服务可靠

任何产品都会出现瑕疵，而这些瑕疵有可能会给网店带来负面影响，因此货源地必须能够保证售后。一定要在代理之前了解清楚，哪些问题可以换，哪些问题不可以换，哪些可以退，哪些不可以退，在卖东西的时候也要明确地告诉买家，或者在宝贝描述中详细说明。

2. 货源质量有保障

人们会在价格和产品之间做出平衡与取舍，并且选择一个性价比较高的产品，但这并不代表他们会忍受低质量的产品。货源必须能够保证产品的质量，即使是便宜货，也要能够对质量做出一定的保证。

3. 比较多个货源的价格

同一件商品，在各个货源地的价格往往不同，这需要你经过大量的实地考察，以及长时间的谈判，才能得出最真实的答案。

4. 考虑货物批次的数量

在选择货源时，也要考虑网店的销售数量，然后寻找相应的货源商。刚开始创业时，建议选择小批量批发商，这样可以降低成本压力。假如商品不畅销，还可以转型，不需要积压太多的商品和资金，从而把风险降到最低。

从网上商城批发进货

除了在线下批发外，店主还可以通过网上商城进行批发。网络批发就是通过各B2B平台进行交易，例如通过阿里巴巴1688等网站寻找货源，如果有可能，建议新手选择支持一件代发的供货商。

网络批发的好处

同线下批发相比，网络批发的优点显而易见。

1. 节省成本

通过网络渠道进货，可以节省很多成本。首先，店主通过网络可以找到很多批发商，进行比价，很容易从中找到价格较低的一方，从而节省成本；其次，通过网络批发，店主能够节省很多交通成本和时间成本。

2. 上货速度快

网络平台对速度的要求很高，一件产品上新款时，店家必须要尽快了解产品信息，并且及时更新店铺信息。通过网络批发，店铺老板不必再辛辛苦苦地四处奔跑，只需通过电脑和手机，就能第一时间了解产品的信息，这样不但加快了新款产品的上市时间，也节省了差旅成本。

3. 选择权更多

从线下批发市场进货，我们只能接触寥寥数家批发商，通过网络却可以找到全国各地成千上万家批发商，这是线下市场无法做到的。我们可以通过网络了解全国有网络商店的供应商的所有信息，对他们进行选择和购买。

阿里巴巴1688网上商城

阿里巴巴1688是一款全球领先的采购批发平台，也是国内最受欢迎的B2B平台之一。1688一经推出，很快就获得了人们的好评。很多网店店主都愿意到1688上进货，因为那里不仅价格便宜，而且种类也很多。

图2-5　阿里巴巴1688

在1688上批量购物的方法十分简单，和在淘宝上购物的操作方式相似，具体操作如下：

（1）进入1688官网首页，在搜索栏中输入自己想要批发的商品名称。

（2）网站中会出现很多搜索结果，仔细进行选择。

（3）经过筛选，找出自己感兴趣的选项，然后点击，了解具体信息。

（4）输入自己想要订购的数量，点击"立即订购"。

（5）也可选择"一键铺货"，将产品直接导入店铺中。

第三章

上架宝贝，正式成为店主

　　网店宝贝的上架工作，一直以来都是店铺经营的基础环节。虽然这个环节看起来很简单，但是其中也有一些不可不知的小技巧，如果能够熟练运用这些技巧，就能对后期的销售和引流起到很大的帮助作用。那么，网店宝贝的上架技巧有哪些呢？本章将讲解有关内容。

上传宝贝的简易流程

完成开店、寻找货源等环节之后，接下来要做的就是宝贝上架，将商品上传至网店，让消费者通过网店买到自己想要的东西。虽然上传宝贝是一件十分简单的事，但是要取得良好的效果就没那么容易了。具体要注意以下事项。

1. 谨慎选择类目

在网店的综合搜索权重中，类目占据了十分重要的地位。如果类目设置得不合理，就会导致商品的主关键词排名不高，从而失去流量。

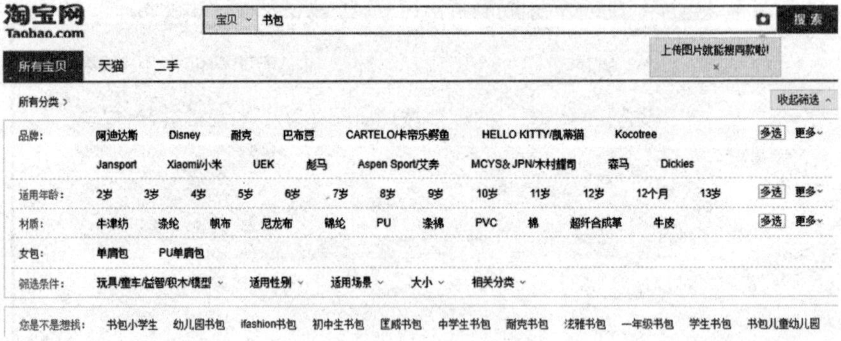

图3-1 淘宝网"书包"类目

2. 填写主/副标题

网店的运营有较强的指向性和季节性，这一点和实体店是一样的。为了更好地安排运营工作，可以使用阿里指数、京东指数、拼多多生意参谋等工具，查看当前商品的流行排行榜，参考它们的主/副标题。如图3-2，在主标题下方的一行小字，即为副标题，副标题通常是商品的卖点。

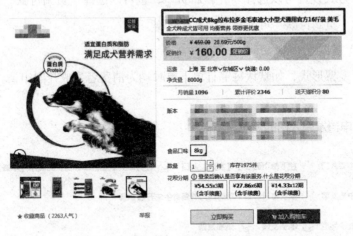

图3-2　主/副标题

3．填写商品信息

填写商品信息的重点是填写商品的属性和包装信息。

商品属性包括价格、材质、使用人群等，在商品搜索页中，消费者会通过筛选区来对商品进行精准选择。

包装尺寸的单位是毫米，在填写时应当注意换算单位，以免造成错误，带来不必要的麻烦。

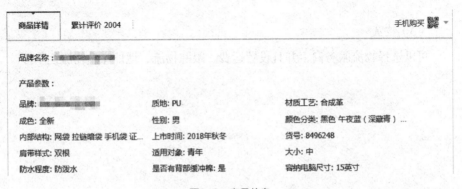

图3-3　商品信息

4. 设置支付功能／物流

（1）支付方式

支付方式设置可以选择"先款后货"，也可以选择"货到付款"。通常来说，开通"货到付款"可以有效提升转化率。

（2）发票

设置发票形式，如默认每笔订单下单时均为消费者生成开票申请。

消费者申请发票入口的展示设置

页面申请入口：☐ 在下单页面展示【发票】入口　☑ 在订单列表和订单详情页面展示【申请发票】入口

默认申请发票：☐ 默认每笔订单下单时均为消费者生成开票申请

*页面申请发票类型：☑ 电子发票　☑ 纸质发票
在页面申请入口，请设置消费者可选的发票类型

*默认发票类型：◉ 电子发票　◯ 纸质发票
在页面入口申请发票，如果有多种发票类型可选，请选择一个做为默认类型

*消息卡片发票类型：☑ 电子发票　☐ 纸质发票　☐ 纸质专票

*消息卡片默认类型：◉ 电子发票　◯ 纸质发票　◯ 纸质专票
消息卡片功能在千牛"客户服务平台"中使用，开通客户服务平台

[保存修改]

图3-4　发票设置

（3）物流

可以选择物流服务商，并且设置运费、跟踪物流、地址库、物流运单等。

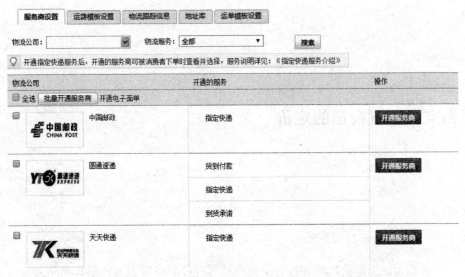

图3-5　物流信息

为宝贝设置合适的定价

很多人认为定价越便宜越好，但是按照这样的思维去做，很容易陷入价格战的误区，最终跟对手两败俱伤。商品定价是很有学问的，合理的定价可以让你获得更高的利润与市场认同。

1. 成本叠加法

将所有的成本叠加在一起，加上利润，得出的就是产品的价格，叠加方法如图3-6所示。

图3-6　成本叠加法

2. 市场估价法

参考市场上的定价，然后根据自身的优势，对商品进行定价。市场上的定价大多经过了考验，是客户和商家共同认可的价格，更多地反映了产品的价值，而不是产品的成本。市场上的一些高价畅销产品，都是基于这个原理的定价，如奔驰轿车、名牌服装等，它们的成本可能不到价格的十分之一，但是仍然能够成为畅销产品。

跟同行的定价进行比较，通常能够得到一个比较合适的价格，能够在考虑成本的基础上保证合理的利润。

3. 差异化定价法

这是一种根据产品的特点进行定价的方法，例如在食品行业，商品有"无公害""有机食品"或"绿色食品"等特点，就会让消费者产生一种安全的感觉，从而可以提高售价。

4. 目标客户定价法

针对目标人群的消费习惯，做出相对应的定价方法。例如，购买奢侈品的消费者通常对价格的敏感度相对较低，他们往往看重产品到来的精神享受。而购买日用品的消费者通常对价格敏感度较高，他们往往比较关心产品的性价比。

5. 避免整数定价

很多产品喜欢避开整数定价，例如把价格定为19.9元、99.9元等，这一方面让人觉得卖家定价很精准，另一方面给人造成一种打了折扣的错觉。

图3-7 避免整数定价

6. 折扣定价法

很多商家喜欢给产品打折扣，尤其是在网店上。事先制定一个较高的价格，根据市场的变化，逐步按折扣调整定价。比如，产品定价为500元，给予5.5折的折扣，售价就是275元。

打通仓储和物流

在网店经营的过程中，仓储与物流是必不可少的环节。电子商务的本质不仅仅是出售商品，更重要的是为消费者提供优质的体验，而便捷高效的物流正是其中的重要一环。

网店如何解决仓储问题

商品的仓储是一门大学问，店主需要长时间的学习。过去，在经营实体店的时候，人们经常被仓储问题困扰，本以为开了网店以后能够彻底摆脱困扰，却没有想到，仓储问题又以一种新的形式出现在了人们面前。生意达到一定规模，仓储就会随着扩大，店主不仅要在仓储方面投入资金，还要面对仓储管理的难题。

对于众多经营小网店的店主来说，只要能明确自己的仓储定位，基本都可以规避这一难题。处理网店仓储的一个基本原则是尽量减少存货成本。能够做到不存货的，就尽量不要存货；能做到少存货的，就尽量少存货。

有一部分卖家是以加盟的形式寻找货源的，他们完全可以做到营销与仓储分离。作为一个加盟商，他们只需要负责营销，由供货商处理仓储与发货问题。这样做有两个好处：一是节省了进货成本和物流成本；二是节省了时间，可以在推广上投入更多的精力。

如果没有选择这种经营方式，就要自己打理仓储了。对于那些刚刚开始创业的人来说，他们只需要很小的空间就可以维持经营，譬如那些产品种类单一、数量较少的网店，他们甚至从而将货物存放在家中，从而轻松解决仓储问题。

当发货量达到一定程度时，店主就不得不认真考虑仓储问题了。如果有自己的专用存储空间，就可以考虑一下备货量。对于那些平时销量较大的商品，应当多备一些货；而对于那些平时需求量较小的商品，可以少备一些货。

此外，也有一些店铺选择与规模庞大的存储中心合作，例如云仓、公共仓等。

网店物流发货的主要方式

和实体店铺相比，网店在物流方面的开销较大，如果能够巧妙运用，就可以节省不少开销。

1. 平邮

平邮的价格相对便宜，一般以500克重量为一个单位。平邮网点分布十分广泛，信誉体系非常强大，但是速度很慢，因此适合那些对送货时间较为宽容的情况，例如运向偏远地区的货物。

2. 快递公司

目前国内已经有多家快递公司，比如申通快递、圆通速递、中通快递、百世汇通、韵达快递、顺丰快递、天天快递等。还有一些外资物流企业，如UPS、DHL（中外运敦豪）、Fedex（联邦快递）等。这些快递公司几乎垄断了全国的快递业务，竞争的激烈带来了极高的运送效率，而且价格也不贵。

3. EMS

EMS是中国邮政旗下的一款服务产品，它拥有分布全国各地的海量网点，而且比平邮的速度更快，安全性也更高。

4. 电商公司自建物流体系

早期的网购都是通过快递公司完成的，后来京东开始自建物流，建立了一套属于自己的配送体系。京东物流凭借极高的配送效率，以及良好的售后体验，赢得了一大批用户。后来，阿里巴巴集团联合其他快递公司，成立了菜鸟物流体系。在京东和淘宝天猫上开网店的店家，都可以在各自的平台上选择相应的物流体系。

第二部分 店铺装修

淘宝、天猫、京东和拼多多中都有专门的店铺装修模板，可以通过简单的操作进行设置，完成网上店铺的建设。但是要想提升页面的艺术效果，从众多网店中脱颖而出，就要学习一下基本的设计原则。

第四章

设计店铺首页，提升店铺档次

　　店铺首页的设计至关重要，这是店铺最重要的门面，它代表了一个店铺的颜值，颜值越高，越能吸引更多的消费者。因此，店铺首页的装修是每一个店主都必须仔细考虑的问题。那么，在店铺装修的过程中，我们应该注意哪些问题呢？我们应该如何装修店铺首页呢？本章就介绍了一些简单好用的装修技巧。

店铺首页设计五条原则

当人们打开一个店铺时，首先看到的页面就是店铺的首页。首页设计会对顾客的购物体验产生直接影响。在实际运作中，店家可以从五个方面进行设计。

1. 展示最基本的用户操作

在店铺首页上，设计者需要将最基本的用户操作展示出来，以便消费者能够轻松进行操作，使用网站的服务。

图4-1　基本的用户操作

图4-1是一家文具用品店，在店铺首页，我们可以清楚地看到店铺招牌、导航栏、产品海报、产品分类、客服旺旺、店铺背景等，消费者可以通过点击相关区域，轻松进行下一步操作。

2. 传达足够多的信息

店铺的首页应该传达足够多的信息，让人一眼就能看到店铺的类别。以图4-1为例，有毛笔、书画毡、墨汁等图片，导航栏中有毛笔、宣纸等字眼，就连促销信息都很像毛笔字。在首页下方，店家详细列出了相关的产品。

在排列信息时，还要注意将各个部分仔细区分开来，清晰地呈现在顾客眼前。

3. 塑造店铺的形象

心理学中有个名词叫"首因效应"，它是指人们对事物的第一印象，会在头脑中占据主导地位，影响以后的行为活动和评价。

首页是顾客进入店铺第一眼看到的画面，根据首因效应的描述，顾客在看到店铺的首页时，就会在脑海中产生第一印象，形成对店铺的固有印象。如果你的设计能够引人注目，就能够让用户过目不忘，并对网站形象产生良好的认知和记忆，因此首页设计必须要突出店铺的形象，符合品牌或产品的档次，从而增强客户的信任感。

4. 展现主推的产品

在店铺的首页中，店家有必要展示相关的产品，尤其是重点推荐的产品，这些产品更容易促成点击率。任何店铺都需要有重点地推荐产品，切忌什么产品都主推，没有重点，这样客户进了店铺会感觉迷茫，找不到重点产品推荐。

主推产品的设计，就像在首页上设置了广告位一样，更容易吸引消费者的注意。那么，哪些产品适合主推呢？主要有以下几种：

（1）新品：通常以快速消费品较为显著，产品更新快，跟随季节变化大。

（2）爆品：店铺销售火爆的产品。

（3）重点产品：有些产品是公司经过长期准备以后推出的主打产品，对于此类产品，应当在首页上重点宣传。

图4-2 店铺的主推产品

5. 产品展示有序，逻辑清晰

就设计和视觉而言，用户希望看到的首页应当是布局整齐清晰，板块明确，色调鲜明，不会产生视觉疲劳。良好的产品展示可以很好地展示产品信息，刺激产品销售，方便购买，节约空间，美化购物环境，提高客户体验。产品的相互展示最好是相关的，相互补充，幅度不要相差太大，不要是毫不相关的那种。总之，我们必须重视产品陈列，要认真对待。

零基础学会设计店标和店招

店标，是店铺的标志；店招，就是店铺的招牌。一个好的店标和店招设计，除了能给人传达明确的信息外，还能表现出深刻的艺术内涵，让顾客觉得新奇、有趣。

店标的设计原则

店标设计需要遵循三大原则：

1. 店标所用的元素与店铺相关

店标设计可以采用色彩、图案、文字等多个元素，经过设计之后，形成店标。店标所使用的元素必须和店铺有关，例如店铺的名字、店中的产品、创业理念等，根据这些元素设计出来的标志，更容易被人们记住。在符合店铺类型的基础上，使用醒目的颜色、独特的图案、精心的字体以及强烈的动画效果，都可以给人留下深刻的印象。

图4-3 一家图书店铺的店标

图4-4　一家图书店铺的店标

2. 具有独特性

店标是店铺的第一形象，应当具有强烈的风格，用来表达店铺的独特气质。因此，店标在设计上需要具有独特性，避免与其他店铺的店标雷同，这样的店标才能令人过目不忘。

3. 要与店铺装修风格保持一致

在装修风格上，店标应当和店铺的整体设计保持一致，不仅在外观和基本色调上要一致，还要考虑到在印刷、制作过程中进行放缩等处理时的效果变化，以便能在各种媒体上保持稳定，避免变形。

店招的设计方法

过去人们用木牌、旗子等方式做成招牌，放在店铺的门口来吸引顾客，现在人们只需要在网店首页的顶部设计一块长条形区域，即可当作店招。店招的标准尺寸是950像素×150像素，也可以自己设计并上传尺寸。

图4-5　一家天猫商店的店招

图4-6　一家天猫商店的店招

在设计店招时，首先要考虑向顾客展示什么内容，其次才是考虑设计的方法。

在设计店招时，可以选用以下方面的内容：

（1）店招中大多包括店铺名、店铺logo。

（2）将店铺内最有卖点的商品展示在店招中。

（3）放入促销信息、优惠券、打折降价等快速链接。

（4）放入关注按钮、关注人数、收藏按钮、店铺资质等内容。

（5）放入产品代言人或公司创始人的形象照片、签名等。

设计店铺首页导航栏

导航栏是淘宝店中最简单的一个板块，面积虽然不大，但具有非常重要的作用。本节将介绍导航栏的装修步骤、设计原则和应用。

导航栏的装修步骤

导航栏的作用是指引消费者快速找到自己想找的类目，相当于一个搜索入口，设计导航栏可以提高店铺的用户体验。所以在装修店铺时，大家可以将比较重要的宝贝放到导航栏当中。

图4-7　一家京东店铺的导航栏

网店导航栏的装修步骤大致相同，下面以淘宝网为例进行介绍。

（1）首先登录"卖家中心"，点击"店铺装修"，选择导航处的"编辑"按钮。

（2）在打开的弹窗里面选择"添加"。

（3）添加宝贝分类至导航栏。

（4）添加自定义页面（基础页面）至导航栏。

除了做好以上四点之外，我们还要给宝贝添加链接，调整好相应的位置。

将导航栏设置完毕以后，还要看看最终的效果，如果在美感上不过关，还应当继续调整，直到自己满意为止。导航栏的面积虽然小，但它的使用频率很高，如果装修得不好，就会对以后店铺的经营产生不利影响。有能力的话，尽量对导航栏进行一些设计，这样更能突出店铺的个性。

图4-8　一家店铺的导航栏

导航栏的设计原则

在设计导航栏时，一般根据店铺内的产品分类进行。

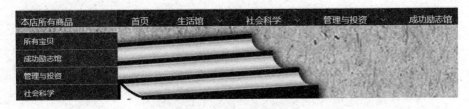

图4-9　一家天猫店铺的导航栏

一个好的导航栏，应该遵循一定的设计原则：

（1）导航栏的项目内容应确保精简，主次分明。

（2）充分考虑用户的浏览习惯。导航栏通常位于店招的正下方，文本项目应按照从左往右的顺序排列。也有人将导航栏放置于店铺页面的侧边，对于这种情况的，文本项目应按照从上往下的顺序排列。

（3）把特色栏目放在导航栏上，例如加盟代理、一件代发、定制款等。

（4）导航栏要醒目，颜色要鲜艳，让用户一眼就能看到文字中的内容，轻松找到自己想要的分类。

第五章

图片编辑，优化视觉营销

　　视觉营销会影响人们对产品的感知，这种现象在网络上会表现得更加明显。所以，在经营网络店铺时，我们要对图片编辑予以足够的重视，努力做出既能表述产品特点，又能兼顾美观和艺术感的产品图片，让图片能够在第一时间吸引消费者的眼球。

产品主图决定销量

在网上购物，我们无法触碰到产品，只能通过文字、图片和视频来了解产品，其中图片的作用最大。而主图就是介绍产品的图片。

主图的基本要求

通常而言，店铺网页中有70%的内容都是图片，剩下的内容大多为文字，还有少量视频。一张好的产品主图，能够将产品最优秀的部分展示出来。

要想做出一张好的产品主图，必须满足以下基本的要求。

（1）产品主图的尺寸和大小：800像素×800像素，72dpi，图片格式为jpg/png/gif等。

（2）背景要求：介绍产品的第一张图片必须为产品的正面实物照片，背景通常为白色（家纺、服装等类目除外，各平台标准有所不同）。

（3）突出主体：图片必须能够突出主体，让人们一眼就能看到其中的内容，为此图片必须拍摄清晰、干净利落，不能模糊或者出现水印等。

（4）清晰完整：主体展示清晰完整，保证上下贴边或左右贴边，尽量撑满整个画布，不要留白边。

（5）干净美观：主体展示清晰完整，背景氛围干净、美观，氛围背景元素及颜色简单，最好不要超过4种，不要过度修图。

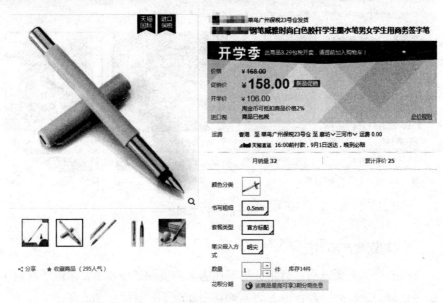

图5-1　某品牌钢笔的主图

产品主图的设计要点

主图一般有5张，它们对网店流量的影响力最大。要想将这5张主图做好可不是一件容易的事，需要我们在全面了解产品的同时，也要对竞品了如指掌。

1．深入了解产品

要想做出优秀的产品图，首先要对产品的特性有深入的了解，明白客户对产品的需求。

例如，在淘宝网中搜索"热干面"，得出如下结果：

在所有搜索出来的图片里，第1张图片和第2张图片无疑是最好的，它们不仅清楚，色泽鲜艳，还加上了配料，让人看到就有食欲，这样的图片更适合当主图。

图5-2　热干面图片

2. 与同类产品对比

你的产品上架以后，肯定会与其他店家的货物形成竞争，因此了解对手的图片是很有必要的。你可以在同类产品的基础上，对图片加以改进，使卖点更加突出。

例如，同样是毛衣，几张图片却显示出了不同的卖点，有的以促销价格为卖点，有的以反季清仓为卖点。

图5-3　毛衣图片

爆款图片的设计技巧

店铺装修中用到的所有图片都是经过精心设计的，学习一些设计技巧，可以有效提升产品图片的质量，为店铺带来意想不到的效果。

1. 展示使用场景

展示物品的使用场景是一种最常见的技巧，通过对现实场景的模拟，让消费者能够对产品有直观的印象，在一定程度上弥补了网购的不足之处。

图5-4　棉被的使用场景图片

2. 前后对比

在拍摄图片时，注意将产品和背景区分开来，以便突出产品的照片，让产品在屏幕上看起来更抢眼。为此大多数店家选择纯色背景，如白色、灰色等。在图5-5中，左边的照片前后区分明显，产品十分抢眼；而右边的照片对比不明显。

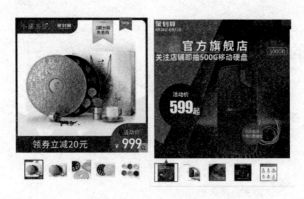

图5-5　不同背景的产品图片

3. 设计创意素材

在拍摄产品照片时，可以同时加入一些元素当作点缀，避免照片过于单调。如在图5-6中，作者在拍摄完墨水瓶之后，又加入了植物、杯子、纸片等素材，营造出一种宁静、优雅的氛围，使画面不再单调。

图5-6　以绿叶为点缀的墨水

4. 近景拍摄

拍摄商品照片的主要目的是将商品的外形、质感、颜色等细节充分表现出来，近景拍摄也是一种常用的手法，能够详细展示商品细节。如图5-7所示。

图5-7　近景拍摄的黑米

5. 提炼卖点

在设置产品照片时，可以突出产品的卖点，对其专门进行介绍，让消费者第一时间注意到卖点，并且获得直观的感受。如图5-8所示，"午睡手臂不麻"即是这款枕头的卖点。

图5-8　有卖点的枕头

6. 多件排列

很多网店在拍摄产品照片时，往往会摆放多件产品，通过一定的排列方式强化空间感、光感等，形成全新的视觉感受。如图5-9所示。

图5-9　多件排列

让照片更有艺术感的构图技巧

学会几种常见的构图技巧，可以让你的图片更有艺术感，轻轻松松从同类商品中脱颖而出。

1. 中心分布构图

将产品放在图像的正中心，是最简单、最实用的构图方法，也是一种最适合入门学习的拍摄方法。它不需要太多的技巧，只需端正相机，对准焦距，调好光线，按下快门即可。

图5-10　中心分布构图

如图5-10，这款手表的图片没有做过多的修饰，只是将手表放在画面正中心，然后加上了品牌的logo。这种构图虽然略显平淡，但是不容易出错，能够充分体现产品本身的魅力。

2. 黄金分割线构图

黄金分割线是一种经典的构图比例，也是一种最常见的构图方式。这种构图方式按照0.618的比值，将整个画面一分为二，被公认为最具美感的构图方式。

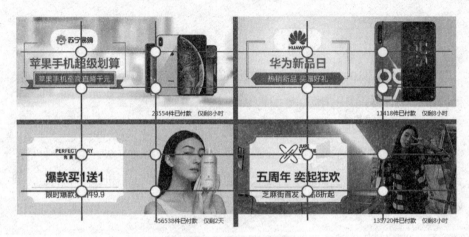

图5-11　黄金分割线构图

例如，在图5-11中的几幅图片，都是按照黄金分割线的比例进行构图的。

3. X型构图法

X型构图法，也可以称为对角线构图法，是按照对角线布局的方法。

图5-12是一款眉笔的宣传图片，它利用眉笔的直线形状，以多支眉笔贯穿画面的对角，更有纵深感、延伸感和运动感，使画面变得更有张力。

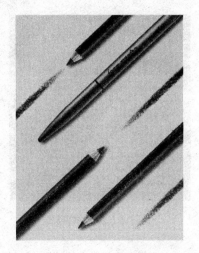

图5-12　X型构图法

4. 对称式构图

对称式布局具有独特的美感，而且容易操作，可分为上下对称、左右对称等。通过两个相似部分的对比，形成独特的视觉艺术。如图5-13所示。

领券立减20元　到手价 ¥**79**

图5-13　对称式构图

5. 紧凑式构图法

紧凑式构图给人一种可靠的感觉，最简单的拍摄方法是将景物的主体放大，占据整个画面，形成特写。

图5-14　紧凑式构图法

　　如图5-14，这是一款螃蟹产品的宣传图，图片细腻地展示了蟹肉的质感，给人以强烈的视觉体验。

第六章

视频编辑，全方位展示产品

如今，电商的制作逐渐走向专业化，视频的策划、拍摄、制作都必须十分精细，因此很多店主选择将视频制作外包出去。但是我们仍然应当对视频制作的基本知识有所了解，认识视频的类型、应用场景、拍摄要求、拍摄工具等，做到心中有数。

短视频带来全新的购物体验

随着电子商务的发展，人们已经不再仅仅满足于通过文字和图片了解商品，短视频的加入变得顺理成章。相比之下，短视频能够更直观地展示产品，受到很多人的喜爱。

短视频的三大类型

典型的视频有三种：商品型、内容型和知识型。

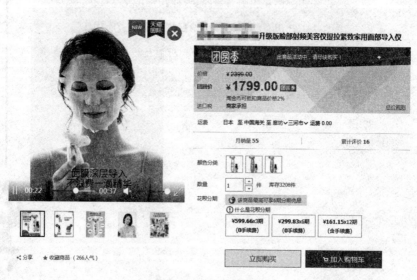

图6-1 天猫主图视频

1. 商品型短视频

商品型短视频是网店最常用的方法，通常用于展示商品的外观、功能、特性等。这种短视频对拍摄技术的要求不高，拍摄门槛和拍摄成本也很低，只要有简单的拍摄工具，淘宝店主自己就能拍摄。拍完视频之后，既可以发布到爱逛街、猜你喜欢、有好货等公域流量中，也可以发布到类似于微淘的私域流量中。

2. 内容型短视频

此类视频往往对创新性要求较高，而且制作精良，拍摄出来的短片大多注重概念，有精心设计的剧本和故事，拍摄成本较高。由于质量较高，此类视频的曝光度更高，通常会发布在每日好店、必买清单、爱逛街等频道。

3. 知识型短视频

此类视频侧重于知识普及，通过向观众普及专业知识的方式，吸引点击率和流量，从而达到带货的目的。

商家短视频应用场景

根据使用场景，网店短视频可以分为私域场景和公域场景。二者的区别在于，公域属于公共的流量，流量入口在平台上，例如哇哦视频、猜你喜欢、有好货等，消费者也许会对视频感兴趣，但是不一定会点击链接进入店铺；私域流量则完全属于卖家，主要应用在产品页面，用户先搜索产品，进入产品购买页面之后，才能看到视频。我们的重点是介绍私域场景。

按照视频摆放的位置，私域场景又分为四种：主图视频、详情页视频、实拍tab视频

图6-2　哇哦视频在手机淘宝首页位置

和购后视频。

视频拍摄的基本要求

（1）时长：1分钟以内。

（2）画质要求：高清720p以上。

（3）尺寸要求：16：9/1：1/3：4。

（4）视频格式要求：mp4、mov、flv、f4v。

（5）内容要求：聚焦单品卖点、亮点，以介绍一件商品的功能、特点、效果展示为主，需在5秒内进入主体商品介绍，不可以采用图片拼接的方式呈现。

（6）视频中不得出现黑边、二维码、第三方水印（如器材名称、剪辑工具等）、商家logo（片头要出现品牌信息，可在视频结尾出现2秒以内，正片中不能以角标、水印等形式出现）、幻灯片类视频等。

拍摄视频需要的工具

如今是互联网时代，也是短视频盛行的时代，众多短视频APP的火爆，使得电子商务平台上也掀起了一股短视频风暴。那么，拍摄视频需要哪些专业工具呢？

1. 手机

如今手机的拍摄功能越来越强大了，足以应付一般性的视频拍摄工作，很多人一边做主播，一边为网店宣传产品，取得了不错的成绩。也有一些店家干脆亲自上阵，直接用手机录制视频，然后上传到店铺中。

2. 单反相机/录影机

尽管手机能拍出效果不错的视频，但是手机的拍摄功能毕竟有限，要想让视频的点击率更高，传播度更广，还是应该配备一台合适的单反相机，或者是专业的录影机。

3. 三角架

三角架的作用是固定相机，以免因镜头抖动影响画面质量。在选择三角架时，建议选择带有伸缩支架和云台的品类，以便提升拍摄角度，同时也可以支持手机拍摄。

图6-3 三角架

4. 专业的摄影灯

摄影灯的主要作用是补光。摄影对光线的要求较高，很多时候，必须依靠摄影灯提供的辅助光源，否则很难拍出想要的效果。

图6-4 摄影灯组件

摄影灯一般需要三盏，分别是主光灯、辅光灯、背光灯。主光灯负责照亮产品和产品周围；辅光稍弱，多用于填充阴影区域，以便形成景深和层次感；

背光灯的作用是照亮背景，塑造产品的轮廓。

5. 背景道具

在拍摄视频时，背景是非常重要的，通常人们会选择背景布或者背景纸，以便烘托商品的拍摄效果，避免背景出现色差。

6. 其他工具

除了上述工具以外，摄影还有很多常用的工具，例如挡光板、柔光布、柔光箱、滤色纸、静物台、话筒等。

拍摄高点击率视频的方法

要想拍出高点击率的视频，必须依照一定的方法，前期的构思和策划是必不可少的。

1. 提炼产品卖点

所谓产品卖点，就是产品核心价值的外在表现，这是营销工作的重中之重。拍视频也是营销工作的一部分，因此在拍摄之前应当了解产品的卖点，从而为接下来的工作确定主题。

一个好卖点，可以让你的产品与众不同，迅速获得消费者的认可与喜爱。任何产品的卖点，都可以用四点来概括：人无我有，人有我优，人优我廉，人廉我转。

（1）人无我有。介绍一件产品，最好的方法是介绍它的特色，让消费者知道它有哪些新功能、新设计，从而与竞争对手的产品形成鲜明的对比。

（2）人有我优。如果市场上已经有了同类产品，卖家就应当突出自家产品的优势。这时候卖点的提炼则是侧重产品与竞争品牌同类产品的技术差异及新技术给消费者带来的全新利益点，必须将新品的"优"表现得淋漓尽致。

（3）人优我廉。当两件产品的品牌、设计几乎完全相同时，消费者已经很难区分了，这时候最好的方法就是拼价格。事实证明，这是最直接、最有效的方法。

（4）人廉我转。假如一件产品和同类产品相比几乎没有任何优势，这时就要从其他方面寻找卖点了。除了介绍功能以外，还可以强调企业文化和产品理念，用精神力量感召客户。

2. 确定视频模式

根据网店视频的内容，以及视频呈现出来的效果，我们可以将视频模式分为三种：一是品牌形象大片，这需要长时间的策划和设计，再加上大手笔的投入，才能获得良好的效果；二是产品功能介绍，针对产品的功能进行宣传，需要投入的成本较少，图像难以表达的地方，还可以用文字来弥补；三是使用情景再现，几乎不需要制作成本，只要有相应的器材，甚至一个人就可以完成拍摄。

确定视频模式是非常重要的，在拍摄之前就要定下总目标，这有助于提高工作效率。否则就会南辕北辙，白白耗费精力。

3. 策划视频内容和脚本

俗话说"磨刀不误砍柴工"，在拍摄之前就要做好文案和策划，并且确定拍摄方案，制定分镜头。

策划网店视频的拍摄脚本，虽然听起来很复杂，但是做起来很简单。我们只需规划好内容，在拍摄时做到心中有数即可。

综合来说，视频脚本包含三个部分：整体展示（远景）、亮点展示/使用演示（近景）、功能性证实/测评。

在拍摄之前，根据产品属性定义拍摄主题，选择合适的场景、人物、道具、光线等。

在镜头的掌控方面，注意切换远景、近景和特写，从而让视频的层次更丰富。

4. 后期的视频剪辑工作

视频拍摄完成之后，还要用软件进行剪辑，以便得到更好的效果。通常，人们使用的视频剪辑软件有以下几种。

（1）爱剪辑。这种软件的使用门槛最低，简单易上手，适合新手用来熟悉剪辑的过程和操作。不过它的缺点也很明显，首先，爱剪辑自带的大多为基础功能，可以满足初级特效，但是不适合做深度加工。更重要的是，爱剪辑会在视频中强行加入片头和片尾，这会对我们后续发布产生一定的影响，因此要尽量将其去除。

（2）淘拍。淘拍是淘宝官方上线的一种工具，卖家可以用它来做手机淘宝视频。淘拍操作简单，可以拍摄视频，也可以对视频进行拼接、添加背景音乐、设置字幕、滤镜等。

（3）会声会影。会声会影是一款强大的视频制作软件，在业内的使用范围很广。它的操作比爱剪辑和淘拍复杂，同时功能也更强大。

（4）PR。PR的全名是Adobe Premiere，它和PS（Adobe Photoshop）一样同属于Adobe公司，对使用者有一定的技术要求，是专业的剪辑软件，也是国内外众多专业团队和制作人员的标配。

第七章

详情页设计，充分展示产品特征

  作为店铺页面的重要组成部分，详情页直接影响着店铺的转化率。如果详情页做得不好，纵使流量再多，也难以转化为成交量。在设计详情页时，可以对产品的使用方法、材质、尺寸等细节方面的内容进行详细说明，也可以搭配店铺的活动套餐、店铺简介等信息，以此树立店铺的形象，提升顾客的购买欲。

如何设计出优秀的详情页

详情页的作用就是对产品进行深度介绍，通过详情页，消费者可以看到产品的详细信息和主要特色。一个好的产品如果没有好的详情页来支撑，转化率就会很低，获取的流量就会减少。

详情页的主要作用

作为店铺营销页面的重要组成部分，详情页的作用是不容忽视的。如果对商品详情页的关注度不够，那么整个店铺的品位都会被拉低，转化率也会随之下降。

我们都知道，好的产品图片是吸引消费者的重要条件，当消费者被缩略图吸引进入店铺时，就意味着跨出了成交的第一步。但是光有这些还不够，消费者还需要对产品的细节和闪光点进行深入了解，而产品主图由于篇幅所限，无法对其一一介绍，详情页就是用来弥补这个缺憾的。

当消费者认真翻看你的产品详情页时，就说明他已经走到了促进成交的第二步。如果你的详情页打动了消费者，那么这一单很可能就拿下了。

因此，详情页是提高转化率的入口，它能打消消费者的疑虑，从而激发消费者的购买欲望，促使消费者下单。

详情页的设计流程

很多人在设计详情页时，总是感到无处下手，忙活了半天，也没有得到一个满意的结果。这是因为他们没有按照科学的流程去做。

想要设计好详情页，首先要进行市场调研，参考同行们的做法。通过阿里指数可以清楚地查到消费者的一切喜好以及消费能力、地域等很多数据，学会利用这些数据对优化详情页很有帮助。

图7-1　阿里指数

同时，还要做好消费者调查。针对同一件产品，可以将多个店铺的买家的评价进行对比，从而筛选出有价值的信息，分析消费者的消费能力、个人喜好等。

最后，根据市场调研的结果，以及对消费人群的分析，确定图片的设计风格，以及文案的内容等。要注意店铺的装修风格应当保持一致，如在首页、详情页、客服、包装、售后卡片、宣传页等地方都应一致。

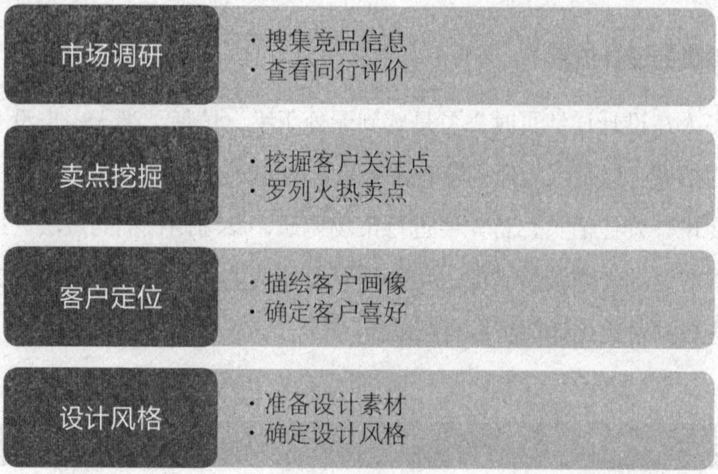

市场调研	·搜集竞品信息 ·查看同行评价
卖点挖掘	·挖掘客户关注点 ·罗列火热卖点
客户定位	·描绘客户画像 ·确定客户喜好
设计风格	·准备设计素材 ·确定设计风格

图7-2　详情页设计流程

详情页的五大设计原则

详情页是文字、图片、视频等多种元素的组合，要设计一款美观的详情页，需要具备很高的美学素养。事实证明，大多数消费者对简洁、美观的详情页更有好感。因此在设计详情页时，必须遵循一些简单有效的方法，让客户一眼就能看懂你在说什么。

1. 信息图像化

和文字相比，图片能够承载更多的信息，而且更直观，所以设计详情页的第一原则是将信息图像化。

在详情页中，应当以图像为主，尽量减少文字的使用，切忌出现大段文字描述。文字只起辅助说明的作用，并且要给出有效信息。

2. 高效表达

内容表达要清晰有条理，简单直接。不要影响页面打开的速度。页面载入时间过

图7-3 一本图书的详情页

长，会影响销量。

3. 以情动人

详情页的作用是引导客户购买，因此必须掌握客户最关心的点。不同的产品，客户所需求、所关注的地方不同，不同顾客的关注点也各不相同。因此，在设计详情页时，除了要罗列产品的基本功能外，还要讲出产品的独有特色，关注消费者的情感需求。

例如，茶壶的作用是泡茶，但是很多商家从文化的角度出发，赋予茶壶一定的精神意义。

图7-4 一款紫砂壶的详情页（截选）

4. 合乎逻辑

详情页的各个部分应当遵从一定的逻辑，层层推进，形成一个整体，否则会让人感觉杂乱无章。最简单的方法是：找到目标客户的痛点与兴趣，在详情页文案里放大，逐个击破，层层递进。

5. 统一设计风格

详情页的设计风格，应当与店铺的整体定位保持统一，看上去没有违和感。例如，家用电器的详情页应当追求简洁、实用，因为这才是客户的关注点；食品的详情页应当突出情感、重视体验。

图7-5　一款休闲食品的详情页（截选）

如图7-5所示，这是一款休闲食品的详情页截图，它的目标人群是都市里的年轻人，因此在设计上采用了卡通化的处理。

用FABE法则设计详情页

FABE法则是一种非常实用的营销法则，通过对FABE的灵活运用，我们可以用它来指导详情页的设计工作，以便取得良好的营销效果。

FABE法则与详情页设计逻辑

FABE是以下四个单词第一个字母的缩写，具体内容如下：

（1）Features（特征）：产品的基本特征。如：产品名称、产地、材料、工艺等。

（2）Advantages（优点）：产品的独特之处。如：更大、更厚、更高档等。

（3）Benefits（利益）：能给消费者带来什么好处。如：舒适、省电等。

（4）Evidence（证据）：包括技术报告、顾客来信、报刊文章、照片、示范等。

FABE是一种非常具体、具有高度、可操作性很强的利益推销法。利用FABE法则指导详情页设计，可以构筑起一个大的框架，提供一个通顺合理的设计逻辑，从而使详情页的观赏性更高。

详情页设计模板

根据FABE法则，我们可以找到很多素材，然后设计一套内容简单、逻辑清晰的详情页模板。

1. 热销榜、套餐、预购、收藏

通常而言，详情页的前三屏是最重要的，如果前三屏没能吸引客户，那么客户就会失去兴趣。商家通常会在首屏展示优惠活动、促销文案等，因为利益问题是客户最关心的。也有一些店铺会将热卖的宝贝加入其中，起到连带促销作用。

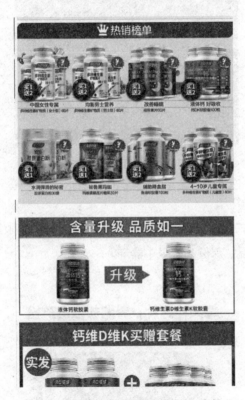

图7-6　位于详情页首屏的热销榜、套餐

2. 海报、广告图

首屏之后，接下来就要正式介绍产品了，可以放置海报、形象广告图等，让人们进入主题，了解产品。

图7-7　详情页第二屏的海报

3. 痛点、产品作用

列出消费者最关心的痛点，并说明产品有何作用，这对于很多产品而言是非常有利的，如药品、保健品、吸尘器等。

图7-8　一款保健品的详情页

4. 介绍产品的独特优点

将这款产品与其他产品对比，体现出这款产品的独特之处，这是详情页里面必不可少的。有了对比，消费者的心里更容易产生信赖感。

图7-9 某产品的独特优点

5. 介绍产品的参数

介绍产品的参数，帮助客户全面了解产品，用数据说服客户。

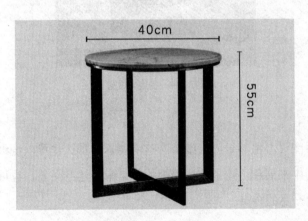

图7-10 某产品的参数

6. 场景图

结合实际生活，放上产品的实际使用图片，建议使用有场景的照片，这样更能吸引客户，让客户对产品有更直观的感受。

图7-11　使用场景图

7. 细节图

如果场景图没办法满足放大细节图这一要求，那么也可以把细节图转移到产品参数描述中来展示。除了使用简短的文字来表述产品外，也可以通过数字的对比来突出产品的特点。

250ml大水箱
满足200㎡大户型深度清洁[3]

植物仿生缓滴技术，拖地过程中静止时不溢水，拖地时超细纤维拖布自动吸水，保持拖布湿润，实现均匀深层地面清洁。

静止不溢水

拖地自动吸水

图7-12　细节图

8. 使用方法

对于一些需要客户自己组装的产品，应当在详情页中加以说明，即便是居家常备的产品，这一点也不可忽视。这样做既是为了让客户了解产品本身的灵活性，也是为了促进客户对备换产品的关注度。

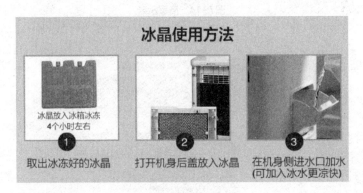

图7-13　使用方法介绍

9. 商家承诺、附加说明

在详情页的最后，可以加入商家承诺、附加说明、温馨提示等信息，这样显得更加专业。

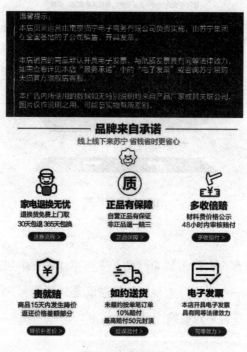

图7-14　商家承诺

第八章

文案撰写，一语道出产品优势

　　文案是用来传达信息的，包括产品的标题、广告语等内容。由于篇幅所限，网店文案必须简洁、精确，能够一下子说到人们心里去。想要写出打动人心的电商文案十分不容易，电商文案是以销售为最终目的，除了展示产品的特点以外，还要突出创意和美感。

为宝贝撰写诱人的标题

标题是消费者搜索商品时最先看到的，同时也是进入购物页面的渠道，一个好标题是店内推广的重中之重，其作用不可小觑。

宝贝标题的组成部分

宝贝标题是体现商品品牌、属性、品名和规格等信息的文字，一个完整的宝贝标题至少包括下面四个部分：

图8-1　淘宝红酒类产品的标题

（1）热搜词：热搜词是出现在宝贝最前面的词汇，如"2020春装新款"。

（2）类目词：这是商品的核心产品词，需要以明确、精练的文字，让客户立即知道这是什么产品，不能堆砌多个产品名。

（3）属性词：是告知客户产品的一些属性、规格参数、型号、颜色之类的词。可以用2~3个属性词进行修饰。

（4）优化词：一般出现在标题的最后，可以是一个或者多个，用于增加宝贝被搜索到的频率，如"包邮""原装"等。

宝贝标题优化原则

很多卖家在撰写标题时，光顾着堆砌关键词了，结果效果并不好，忙碌了半天，也没能把访客数量提上去。其实，撰写标题也是有技巧的，不能盲目堆砌词语，而是要学会优化标题，使其简单明了，这样传播效果才会好。那么，在优化标题时，该遵循哪些原则呢？主要有以下几点。

1. 选词要有高度相关性

标题选词要求具有高度相关性，不要描述与商品无关的东西。例如，明明是学院风格的衣服，就不要写成"韩版"，因为搜索引擎不会给你匹配这些关键词，相当于做无用功。即便客户点击了宝贝，也会觉得这不是自己想要的产品。

2. 不要照抄热榜标题

有的卖家看到人气高、销量高的产品，就照抄别人的标题，希望用这种方法提升流量。然而现实往往复杂得多，标题只是宝贝能不能展现的其中一个条件，而不是所有条件。决定流量的条件还包括店铺权重、宝贝权重等多个指标。

3. 避免大量使用相似或重复标题

大量使用相似或重复标题，会导致客户产生阅读疲劳，甚至让客户误解为重复铺货。因此，在撰写标题时，一定要注意这一点，即便是同一系列的产品，也要有所区分。

4. 注意更新和维护

标题的撰写是门大学问，它需要长期地关注和维护，才能持续保持流量，因此在第一个下架周期结束后，就要对转化率进行评估，看看是否需要调整优化策略。

撰写商品文案的七个小技巧

随着电商平台的发展，电商运营对内容化的要求越来越高，这其中就包括商品文案的撰写。文案给商品赋予了灵魂，能够让用户心甘情愿地买买买。

新手卖家在写宝贝描述时，经常一头雾水，不知道该怎么写，没有任何头绪。其实，只要掌握了以下小方法，商品文案也可以很简单。

1. 数据型文案

数字天生具有说服力，它能够把产品的优点变得更直观，从而吸引客户的注意力。很多客户在浏览网店时，眼睛一直紧紧地盯着数字。数据型文案的特点非常明显，它适合各种产品，客户从文字中就能对产品的卖

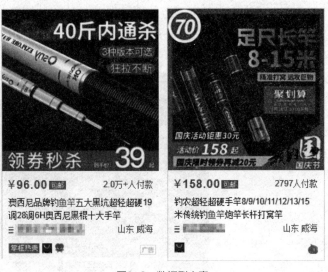

图8-2　数据型文案

点有一个清晰而直观的印象，利益点非常明确，减轻了理解上的难度。

2. 销售对象型文案

很多商家会在文案中直接点名目标人群，例如"00后""爸妈礼物""感恩定制"等，这个方法就像线下店铺的吆喝一样，能吸引那些有特定需求的人。

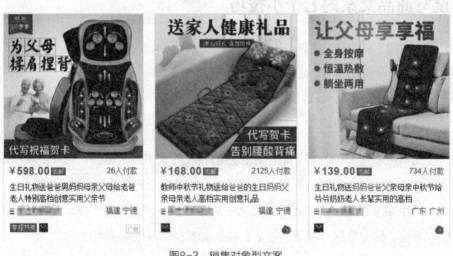

图8-3　销售对象型文案

3. 疑问型文案

疑问型文案能够触动客户的好奇心，从一开始就将客户的注意力牢牢抓住，从而使文案的吸引力大大提升。

图8-4　疑问型文案

4. 明星/代言人同款

在淘宝网上，我们可以发现很多打着明星同款旗号的商品。抖音火爆之后，也有很多人标榜"抖音同款"，以便推销自己的产品。这两种方法的原理是相通的，都是利用名人效应，轻松吸引客户。

图8-5　明星/代言人同款

5. 反常理型文案

反常理型文案，可以给人带来新奇感。例如，节食减肥是人们的普遍共识，但是图8-6中的文案却反其道而行之，将瘦和吃结合起来，给人一种新奇的感受。

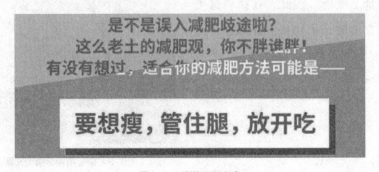

图8-6　反常理型文案

6. 突出实用价值型文案

日常用品的实用性很强，因此购买此类产品的客户，通常对性价比更加关心。例如，很多商家会向消费者极力推销，宣传"绿色健康""高科技成果""低价处理"等内容。

图8-7 突出实用价值型文案

7. 突出精神价值型文案

购买奢侈品的用户，通常更看重产品给人带来的精神享受，对于价格则不是那么敏感。因此，在撰写这类产品的文案时，不妨从情怀入手，突出产品的精神价值。

图8-8 突出精神价值型文案

第九章

移动端店铺装修，把小店装进手机里

目前，移动端购物已经成为一种常态，因此电商的经营也从以PC端为主，转移到PC端、移动端并重的局面。移动端店铺的视觉设计是运营的重点，它以手机、平板电脑等设备为载体，由于视觉界面的限制，因此与PC店铺的装修有着明显的不同。如何花较少的资金制作简约大气的移动端店铺，是所有商家都应该关心的问题。

移动端店铺装修的基本原则

当下移动端店铺的重要性日益凸显，各大电商平台都打响了对移动端市场的争夺战，其中拼多多的表现尤其引人注目。拼多多从一开始就将目光锁定在了移动端，仅仅用了几年时间，就在电商届成为一股不可忽视的力量。

移动端装修的基本要求

随着移动互联网的发展，越来越多的人选择用手机、平板电脑等移动端设备购买商品，因此移动端购物无处不在，大家已经养成了一种习惯。店铺PC端与移动端的成交比例可谓差距甚大，绝大多数订单都来源于移动端。而要想通过移动端获利，就必须学会对移动端店铺进行装修，这样才能提高转化率。

移动端店铺的装修有它的要求，仅以拼多多为例：

（1）基本要求：手机详情页总体大小，图片+文字+音频应小于1.5MB。

（2）一个店铺装修可用3次轮播图组件，一

图9-1　一家拼多多店铺首页

个组件可包含2~4张轮播图片，商品轮播图需小于500kb。

（3）图片宽度为480~620像素，高度小于960像素，以jpg或png格式上传。

（4）不可出现图片拉伸、图片堆叠、单纯商品、图片重复等情况。

移动端装修的注意事项

移动端店铺装修与PC端店铺装修是不同的，因此，卖家在设计移动端店铺装修时要与PC端不同。

1. 移动端店铺的组成

在进行移动端网店首页装修时，我们有必要了解网店首页的组成部分，主要包括：导航、店铺的店招、活动区、热销区、优惠券等。其中热销区可以用轮播的形式展示出来，活动区和优惠券可以放在一个比较显眼的地方，但是不能和热销区发生冲突。

2. 页面设计

当卖家从PC端店铺转向移动端店铺时，必须要注意移动端的页面设计，不要把PC端店铺中的页面直接搬到手机店铺页面中，因为它们的大小是不一样的。有些图片在电脑屏幕上看起来很好，但是放到手机上，就会显得很怪异，比如图片太长，需要来回拖动才能看清。移动端店铺装修注重的是简单明了，让客户一眼就能看到图片的全貌。

3. 色彩明亮

移动端的店铺设计，应当采用明亮、鲜艳的色彩，但是色彩不宜过于复杂，以免使画面显得拖泥带水。尽量让整个画面看起来比较清新自然，所以选择浅色的背景颜色为好，这样能够给客户一个非常好的视觉体验。

4. 宝贝数量

移动端店铺的页面较小，因此不宜放置太多宝贝，通常人们会选择放六个或者六个以内的宝贝。

移动端店铺的三种页面设计

在移动互联网迅速发展的大背景下，把握住移动端营销的方向，就等于抓住了电子商务大战的关键。而要想做好手机店铺营销，首先要做的就是移动端店铺的装修。

商家一般分为三类：头部商家、腰部商家和尾部商家。不同类的商家的店铺页面设计也有所不同。下面我们就来看看移动端店铺的三种页面类型。

1. 头部商家：聚流型布局

头部商家，就是处于最顶尖位置的商家。

头部商家拥有最高的流量，平台也会给予他们最大的支持和保障，因此，这类商家在设计页面时通常会选择聚流型设计，集中优势资源，打造爆款，极力扩大品牌影响力。在做好主推产品的同时，兼顾分类的按需分流，再将店铺热销品牌的相关推荐进行

图9-2　聚流型布局

展示。

他们通常会选择将流量集中到某款产品上，例如当季的新品、重点品等，以便打造出店铺的爆款/主推款型，在短时间内提升店铺的影响力。在店铺优化过程中需要将店铺流量进行合理分配，将流量的转化率做到最大化。

设计此类页面时，需要将爆款产品的宣传海报放在重点位置，营造出热销的气氛，使其成为首推产品。在爆品的宣传页面之下，也可以加入一些其他商品的宣传，但是要控制数量，不要喧宾夺主。

2. 腰部商家：分流型布局

腰部商家通常已经有了一定的品牌知名度和店铺流量，但是他们仍处于起步阶段，产品品类较为单一，与头部商家相比，竞争能力一般，因此，他们会避其锋芒，减少用于宣传的资源，他们最重要的任务是将流量均匀地散发给店铺中的各类商品，尽量确保销售均衡，不至于出现某类商品卖断货、其他商品无人问津的情况，因此，在设计页面时，通常会选择分流型设计。

此类店铺的页面布局，重点在于通过明确的分类，指引客户进入购物场景。这样设计的优点是强化购物场景，唤醒购买欲望，店铺优惠促进加购，爆款推荐让消费者优先选择，按需分流，个性化推荐。

在设计页面时，店家需要将重要的商品放在右侧，以便符合大多数消费者的手机操作习惯。

图9-3 分流型布局

3. 尾部商家：发散型布局

尾部商家，通常也可以称为新手型商家，他们的经验不足，店铺流量较小，产品也不多。此类商家在设计页面时，通常会采取发散型布局，将为数不多的产品通通拿出来，给客户造成一种品类丰富的感觉。此类布局在操作上较为简单，同时也很符合移动端的界面特点。

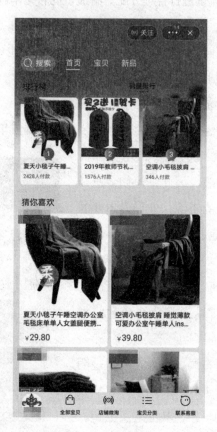

图9-4　发散型布局

第三部分 运营推广

在整个电商经营环节中，运营推广起着非常大的作用，店铺销量，与电商人员运营推广的水平密不可分。本部分主要介绍网店运营最具代表性的推广方法，包括淘宝钻展、直通车、淘宝客、京东快车、拼多多场景推广等电商平台推广计划，并将详细介绍店铺的SEO优化、关联销售、大促营销、数据分析等内容。

第十章

创建推广计划，搭上平台顺风车

在发展的过程中，淘宝、天猫、京东和拼多多分别抓住了不同的机遇，成为国内最具代表性的电商平台。它们针对不同的目标人群，结合时代潮流的特点，推出了各具特色的营销推广方式，本章将会分别予以介绍。

淘宝钻展：定向投放，实现价值最大化

钻石展位简称钻展，是淘宝网最具特色的广告服务平台，也是最精准的广告投放工具，使用范围最广。借助钻石展位，淘宝卖家能够很好地推广自己的商品，极大地提升了出现爆品的概率。

钻石展位的开通流程

钻石展位是淘宝曝光率最高的广告服务，主要依靠图片创意吸引买家点击，从而获取巨大流量。消费者进入淘宝之后，一眼就能看到钻石展位上投放的广告。卖家也可以通过钻石展位进行数据分析，并且进行投放优化。

开通并加入钻石展位的方法很简单，只需按照以下几个步骤，即可轻松完成：

（1）登录淘宝账号，进入卖家中心，在左侧栏"营销中心"里找到"我要推广"并点击。

（2）打开页面，在右侧点击"钻石展位"大图标，即可进入钻石展位。

（3）点击后会出现"钻石展位"，直接点击"加入钻石展位"。

（4）在左侧有个"报名入口"，点击"立即报名"。

（5）接受软件服务协议，并充值激活。

图10-1　淘宝钻石展位

钻展的开通条件

（1）店铺DSR必须满足在4.4以上。

（2）淘宝店铺等级必须在1钻以上。

（3）店铺没有违规处罚的经历。

（4）特殊类目不予投放，如成人用品、功效型化妆品等。

（5）需要充值300元之后方能开通。

循序渐进，提高钻展效率

钻展不是免费的午餐，使用不当会造成资源浪费，因此，新手卖家要多学习再使用。开始时不要出价太高，先掌握精细化操作的要点，再慢慢调节，以便提高营销效率。

钻展的竞价原理是出价排序，出价高的优先展现。钻展的计费模式有两种，一种是CPM（Cost Per Mille），每千次展示费用为5元，即广告展示1000次收费5元，无论用户是否点击都会扣费；另一种是CPC（Cost Per Click），按照消费者的点击次数收费。

新手开设店铺时，运营能力有限，即便有了很高的流量，也很难保证全部转化为利润，甚至可能出现供货不足的情况，因此建议从小流量开始。类目和广告资源位之间没有固定的关系，但是通常情况下，首页和大图位置品牌性更强，适合高客单价产品，有大型活动时可打造品牌，而小流量和小图位置适合长期引流。

淘宝直通车：按点击付费的效果营销

淘宝直通车是一种非常重要的推广工具，按点击收费，见效很快，但是收费很高，几乎可以用"花钱如流水"来形容。因此，在开通直通车之前，必须了解直通车的各种规则和技巧，这样才能少花冤枉钱。

直通车的开通和收费

淘宝直通车是为专职淘宝卖家量身定制的，它整合了淘宝站内和站外的资源，能够提供的覆盖面很广，因此推广效果很好。站内位置主要包括：购物

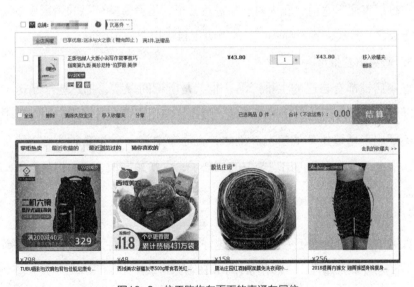

图10-2　位于购物车页面的直通车展位

车、掌柜热卖、收藏夹、热卖单品、淘宝首页、猜你喜欢、已买到的宝贝、物流详情页等。这些位置是消费者最喜欢浏览的热门页面。在淘宝网站外，阿里巴巴也与众多优质网站进行合作，配备展现位置资源。

直通车的收费机制

（1）第一次使用需支付最低预付款500元。

（2）默认最小点击竞价关键词价格为0.05元，每次增加幅度最小为0.01元。也可以设置最大点击竞价。

（3）系统默认每日最大消费限额为30元，也可自己调整。

直通车的四个推广技巧

1. 合理控制推广数量

直通车的营销费用是比较高的，因此很多商家在推广时舍不得投入，一次只推一两件产品。这样做的效果很有限，因为消费者很难通过一两件产品就对店铺产生兴趣，必定要达到三四件时，才能看出效果来。

2. 区分产品的可推广性

在推广直通车之前，要先对产品进行分析，看看哪些产品的销量权重高，市场受众广。其次，看看哪些产品能够吸引目标用户购买。

3. 避免重复推广

每家店铺都有自己的主推产品，也就是所谓的爆款，把这些产品送上直通车以后，可以为其他产品带来流量。因此，在用直通车进行推广的过程中，尽量不要出现重复推广的情况。例如，直通车中第一个关键词是"初秋女上衣"，那么下面就不要再出现类似的词语了，否则关键词之间会相互竞争，导致分流。

4. 出价排名

直通车的出价排名不一定是越高越好，因为排名越高，意味着成本越高，普通卖家应当量力而行，一般出价排10~15名即可。

淘宝客：借助网友的力量来做产品推广

淘宝客推广模式是一种按成交量计费的推广模式，淘宝客从淘宝客专区获得商品代码，形成一个特殊的链接，推广给消费者。只要消费者点击链接，并且下单付款，推广者就能获得佣金。简单来说，淘宝客是帮助商家推广商品，并获取佣金的人。

淘宝客推广的优缺点

作为一种特殊的推广方式，淘宝客有着独特的优势。

1. 淘宝客规模庞大

淘宝客对推广者没有太多限制，只要能上网、会发帖，就能做推广，还可以做兼职，因此淘宝客积累了无数推广者。这些经验丰富的淘宝客，每天都可以轻松赚取巨额佣金。

2. 投入产出比较高

和钻展、直通车相比，淘宝客虽然效率不高，但是投入产出比更高，等到成交之后，才会计算佣金，其间的展示、点击等行为不会产生任何费用。商家店铺一旦累积起大批淘宝客来帮忙推广宣传，就可以长期维护，及时将店铺中性价比较高的产品分享给淘宝客进行推广，避免过度依赖付费广告，造成利润减少。

淘宝客也有缺点，受盈利模式所限，淘宝客倾向于选择佣金较高的商品，如果没有足够的价格优势，很难找到人来推广产品。而且淘宝客推广是一个漫长的累积过程，需要有量变的长期积累，才能达到质变。

淘宝客的推广者活跃在各个交流平台上，他们利用QQ、微信、微博、贴吧、知乎等软件向消费者发布推广信息。通常，淘宝卖家可以在一些特定的网站上发布消息，寻找经验丰富的淘宝客，例如阿里妈妈、A5论坛、站长论坛等。

图10-3　阿里妈妈的淘宝客入口

淘宝客推广的六种方式

淘宝客推广是一种特殊的推广方式，它通常不会推荐长篇的广告信息，而是尽量缩短信息，每次只推荐几件富有特色的产品。受此影响，在生活中，淘宝客的推广方式通常有以下几种：

1. 社群推广

社群推广是淘宝客最常见的推广方式，也是最简单有效的，包括QQ群推广、微信群推广等。这种推广方式的优点是熟人推广，更容易取得信任和好感，也容易产生裂变，而且几乎没有推广成本。因此，很多人在做淘宝客时，第一想法就是做社群推广。只要在QQ群或者微信群中发送商品链接，就有机会产生订单，朋友越多，成交的可能性就越大。

2. 微博推广

微博推广也是一种常见的方式，与QQ推广和微信推广不同的是，微博推广主要面向陌生人。只要拥有庞大的粉丝群体，就能轻松变现。人们可以用微博发表商品图片，并且在正文中附上链接，从而起到推广的作用。

3. APP推广

随着网购的发展，有的人将推广集成到了APP上，做了专门的APP推广平台，例如柚子街、哇券等。

4. 网站SEO推广

网站SEO需要一定的专业知识，适合那些了解SEO的人。如今，利用网站SEO做推广，流量或许不如社群推广和微博推广，但是胜在流量稳定，短时间内是不会被淘汰的。

5. 代理推广

代理推广的专业性更强，而且效果更好，当然费用也更高。

6. 公众号推广

微信公众号拥有庞大的用户群体，因此利用公众号做推广也是很多人的首选。可以通过公众号软文进行推广，或者利用微信小程序，与之相似的还有百度竞价等，总之有流量的地方都可以推广。

京东快车：量身打造营销产品

京东作为一家排名靠前的电商平台，在国内市场上占据着极高的市场份额，京东打造了专属的营销推广平台，并推出了一系列营销工具。

京东快车的特点

京东快车是京东官方打造的一款营销推广工具，它和京选展位、京东直投、京挑客一样，都是京准通平台上的产品，区别在于它们的收费模式不同。

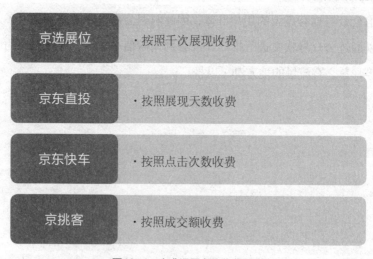

图10-4　京准通平台的收费形式

京东快车和淘宝直通车相似，二者都是按照点击或展现次数来收费的，费用较高，建议大家掌握了一定的运营基础技巧之后再去开通。

和一般的推广方式相比，京东快车拥有多重优势。

1. 精准投放

京东快车可以根据用户的搜索历史推测用户的购买意向，从而进行精准投放，快速触达目标用户，有效提升转化率。

2. 多维数据

京东快车能够准确预估类目，以及关键词的出价，并且支持查看展现、点击率等数据，为使用者提供多维度的观察。

3. 智能推荐

根据商家的关键词需求，京东快车可以智能推荐行业热词，以及相似商品的关键词，并提供否定词管理功能，便于商家多维度地选择关键词。同时，系统会根据店铺中未购买的用户搜索词进行智能匹配，保证商家的广告得以展现。

4. 推荐SKU

根据商品的历史数据，推荐爆款SKU、新款SKU以及流量SKU。

优化京东快车点击率

京东快车是按照点击付费的，但这并不意味着投放之后就会有点击率，要想营销有效果，就要提升点击率，为店铺带来更多的流量。

1. 选好产品

快车推广是一种周期性的投放，因此在选择产品的过程中，建议选择一些更新迭代周期较长的商品，以确保长期稳定的效果。此外，还要考虑产品的款式是否有卖点、功能是否实用、受众人群是否广、是否有足够的利润空间、库存是否足够、产品质量是否在可控制范围内等。

2. 对产品进行评价数量优化

产品的评价也会直接影响消费者的购买信心，至少要有20~50条评价之后。再开始逐步加大付费推广。

3. 优化推广图

在设计推广图时，人们通常使用产品的主图。主图主要是白底图片，能突出视觉感受。为了避免消费者产生审美疲劳，可以设计多张不同风格的推广图进行测试，然后选择数据最好的图片进行短期持续推广。

4. 控制出价

通常而言，出价决定了宝贝的展现排名，但是排名并非越靠前越好。在考虑出价的时候，尽量先评估宝贝目前处在哪个阶段，结合竞争对手的情况设置出价和排名。综合能力比自己弱的竞争对手的宝贝排在哪里，自己的宝贝就跟去哪里，这是最合理的常规排名手法，效果也最好。

拼多多场景推广：千人千面的展示平台

场景推广与搜索推广一样，都是拼多多直通车的一种推广方式。场景推广是根据千人千面的算法来展示的，针对客户的浏览习惯、搜索历史等，向客户推荐在这里设置推广后，就可以获得相应的展示机会。

拼多多场景推广的操作解析

场景推广可以让店铺在短时间内获得极高的点击率，这需要较高的投入，因此在使用这项功能之前，卖家要先了解一下场景推广。

场景推广的页面主要包括类目商品页、有效活动页、商品详情页等，当消费者划到这些页面时，就能够清楚地看到场景推广的广告。在推广时，商家是需要付出成本的，因此不能盲目推广，一般选择的商品必须是本店的爆款，或者是受众人群比较广的以及一些应季的产品，这类产品使用场景推广效果比较好。

图10-5 拼多多类目商品页中的推广

参与场景推广的宝贝，应当有一定的销量做保证，例如：500个销量和50条评价，这样是为了保证推广的转化率。

大多数商家不会同时开通场景推广和搜索推广，因为这意味着要付出双倍成本，但是通常很难获得双倍的流量和转化率，从而造成资源的浪费。正确的做法是，先开通场景推广，根据转化率逐步进行优化，等转化率上升之后，再考虑是否开通搜索推广。

如何提升拼多多场景推广的排名

一般而言，排名靠前的更容易获得消费者的关注。那么如何才能提升场景推广的排名呢？场景推广的排名规则是根据店铺质量分、商品质量分、点击率、商品销量等因素进行的，所以店家要做的就是提高这些内容，等这些内容做好之后，哪怕降低出价，同样可以拿到极高的点击率。

1. 人群定位

在设置人群定位时，在提高精准度的同时，应尽量扩大范围。特别是那些浏览或买过店内商品的用户，当这批用户看到你的推广时，很有可能会再次购买。

2. 兴趣点设置

兴趣点其实就是拼多多千人千面大数据搜集的一个结果，建议大家选择最符合产品属性的几个关键词，通过选择与商品相关的兴趣点，做到精准推广。

3. 溢价设置

关于出价这块，建议把全体人群出价设置到最低，将重点放在访客重定向，其余根据店铺的具体情况和推广费用进行设置。

第十一章
SEO优化，提升店铺和宝贝的权重

做网店的关键是做数据，而权重是影响店铺和宝贝排名的关键数据，高权重能够带来高排名，低权重则会直接影响店铺的销量。在实际运作中，影响店铺权重的因素主要有关键词、标题相关性、标题属性、描述相符评分、好评率等。SEO就是针对这些因素进行优化，从而提升权重的。

关键词优化，提升搜索匹配度

消费者习惯于在搜索引擎上搜索关键词来获得自己想要的信息，因此寻找关键词是经营网店的重要一课，也就是找到网络上搜索权重最高的热词，然后结合商品的种类，筛选出最合适的关键词。目前大多数人平均使用2~5个关键词，因此恰当的关键词对网店的推广变得越来越重要。

如何选取关键词

网店的关键词主要包含四种：促销、属性、品牌、评价。大多数情况下，消费者最关注这些信息，因此在拟定标题时，应当首先考虑这些关键词。

选择关键词的方法有很多种，有的卖家凭借丰富的经验，可以一眼看出商品的关键词，然而大多数卖家并没有这样的能力，只能收集关键词的相关数据，然后从中选择合适的关键词。

首先，要找准标题中的主要关键词。主要关键词可以根据店铺运营的类目，结合当下的潮流、季节等要素，选择相关的词语。例如，直接以"夏装"为关键词，会出现无数条相关信息。这时，你需要再加上一些商品的属性关键词，如"夏装小清新"，这样买家搜索出来的结果会更加精准。

其次，是长尾关键词。长尾关键词是指那些非目标关键词，但是可以带来搜索流量的组合型关键词。长尾关键词的特征是比较长，往往由2~3个词组成，存在于内容页面，除了内容页的标题，还存在于内容中。长尾关键词的作用就是引进精准的人群流量。但是一般搜索长尾关键词的用户不多，如果是搜索长尾关键词的用户，一般目的性极强，宝贝的转化率也比较高。例如，"汽车"是目标关键词，"敞篷汽车"就是长尾关键词；"护手霜"是目标关键词，"护手霜直销""护手霜团购"等就是长尾关键词。

关键词的四大误区

1. 关键词太笼统

在选取关键词时，应当注意尽量将其细化，不要使用太笼统的词语。例如，在百度上搜索"女装"，得到的结果是4280万条；而搜索"女装半身裙"，得到的结果只有204万条。关键词越具体，搜索结果就越少，这样你有更多的机会排在竞争者的前面。

2. 关键词与商品没有关联

有的商家为了吸引用户，喜欢在标题中加入一些与商品无关的热词，这种方法虽然能够有效提升访问量，但是无法提升转化率。试想一下，一个查找"韩版"服装的人，点击之后却发现是"帽子"，他又怎么会有兴趣下单呢？这种靠作弊增加访问量的做法，不仅毫无意义，还会让人生厌。

3. 关键词数量太多

关键词描述需要做到精准，但也要尽量保持简洁，不宜堆砌关键词。有些网站的设计者在标题中堆砌了大量的关键词，以求提升排名，然而这只会使结果变得更糟。对主页的优化应限定在最多两个重要关键词，符合基本的文法规则，不要刻意过分重复某个关键词，避免列举式地出现，尤其不要在同一行连续使用某个关键词2次以上。而且长度不宜超过30个字符（15个汉字）。

4. 使用错别字

利用谐音、同音不同字等方式是很常见的文案创作方法，但是这些方法不能用于关键词上，尤其不能使用错别字。大多数时候，用户是由于粗心大意才打出错别字的，这不仅不能提升转化率，反而会给用户留下不专业、质量差的印象，这会影响网站的权威性。

获取关键词的技巧

对很多刚刚入驻网店的新手卖家而言，设置关键词是一门必修课，这门课至关重要，它直接决定了店铺的点击率，然而学起来却又很困难。它是在不断变化的，没有一个明确的标准，需要卖家不断地探索。

通常，人们可以通过以下5种途径搜索相应的关键词。

1. 搜索框

淘宝、天猫、京东、拼多多都有一个搜索框，买家可以在搜索框中输入关键词，然后找到自己想要的产品。例如，"四件套"通常是指床单、被套等用品，在搜索框中输入"四件套"，就会出现相关商品。

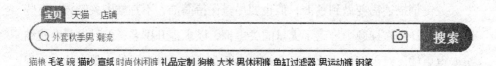

图11-1 淘宝搜索框

2. 淘词

淘词提供了淘宝网所有买家的搜索分析，通过使用淘词，卖家可以对关注的关键字、关键词进行检测，以便确认它们能否满足自己想要的结果。

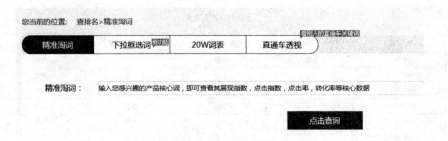

图11-2　精准淘词工具

3. 生意参谋

生意参谋最早是一款应用在阿里巴巴B2B市场的数据工具，如今可以提供分析、诊断、建议、优化、预测等一站式数据产品服务。进入生意参谋，在行业热搜词中找寻相关行业，能给出相关词语的点击率展现量、转化率等，帮助你选择行业热词。

图11-3　生意参谋主页面

4. 直通车和Top20万词表

在直通车的推广计划中，可以选择自己行业的关键词，还有关键词的数据分析。而Top20万词表对这些关键词进行了整理，方便卖家下载并整理。

更新日期	TOP20万词表-APP端	TOP20万词表-电脑端	潜力词表-APP端	潜力词表-电脑端
2019-08-23	下载	下载	下载	下载
2019-08-07	下载	下载	下载	下载
2019-07-23	下载	下载	下载	下载
2019-07-03	下载	下载	下载	下载
2019-06-18	下载	下载	下载	下载
2019-05-30	下载	下载	下载	下载
2019-05-22	下载	下载	下载	下载
2019-05-15	下载	下载	下载	下载
2019-05-07	下载	下载	下载	下载
2019-04-30	下载	下载	下载	下载
2019-04-24	下载	下载	下载	下载
2019-04-17	下载	下载	下载	下载
2019-04-10	下载	下载	下载	下载
2019-04-03	下载	下载	下载	下载

⊟ 2019年20万词表

图11-4　Top20万词表

用百度指数测试关键词

确定了关键词之后，接下来就要对关键词进行分析，以便确定它的实际效果。关键词分析是SEO至关重要的一步，却也是经常被人们忽视的一步。百度指数就是这样一款工具，学会使用百度指数分析关键词，可以有效提升网店流量。

什么是百度指数

百度指数是数据分析平台，能够为用户提供数据统计和分析服务，告诉用户：关键词在百度的搜索规模有多大；一段时间内关键词的搜索量变化态势，以及相关的新闻舆论变化；搜索关键词的人员构成、年龄层分布等，以便帮助

图11-5　百度指数主界面

用户优化营销方案。

百度指数最核心的功能，就是对关键词的搜索趋势进行分析，善用百度指数可以帮助我们分析出有价值的关键词，从而提高点击率。

百度指数可以根据时间段的不同，提供基于实时、周、月、年为周期的趋势变化。由于这类词的搜索行为具有周期性，因此可以预测未来搜索趋势或者对比历史同期水平。比如，某品牌在某个时间点的搜索量突然变高，可能是由于发布了新品，或者是做了宣传。又比如，某产品在"双十一"的搜索趋势不增反降，可能反映出消费者对该产品的需求已经接近饱和。

百度指数还可以辨别热词的真实性。有时我们无法判断某些热词是否是由人工刷上去的，借助百度指数就能查清楚。在百度指数上搜索该关键词，看看它的指数和趋势，假如百度指数和媒体指数保持同样的攀升趋势，并且在区域平淡后回归平均值，那么这个热词就是网民自发的搜索行为。

百度指数全面分析关键词

（1）打开百度指数，输入需要查询的关键词，便可以得出百度经验的搜索指数，并可以根据时间查看相应的趋势变化，以及查询PC端和移动端的趋势变化，还可以精确到全国的每个省份。如图11-6所示，以"短裙"为关键词，搜索百度指数。

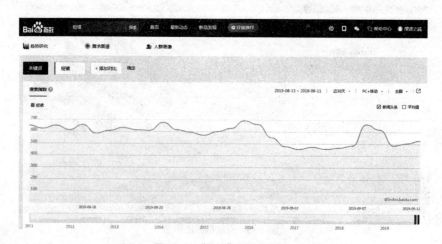

图11-6 "短裙"的百度指数

（2）点击"需求图谱"，查看与"短裙"相关的热词搜索指数。如图11-7所示。

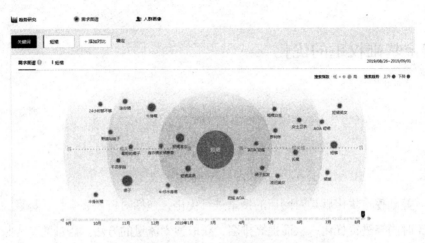

图11-7 "短裙"的需求图谱

（3）点击"人群画像"，查看与"短裙"相关的人群搜索信息。结果如图11-8所示。

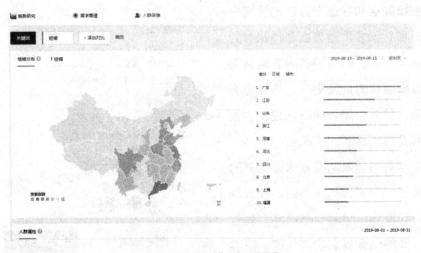

图11-8 "短裙"的人群画像

淘宝基础权重的优化

基础权重优化就是对网店的搜索进行优化，包括对资质、类目、标题、上下架时间等进行优化，从而提高排名，获取搜索流量的方法。店铺的基础权重越高，排名就越靠前。

1. 资质认证和保障计划

消费者在网购时，除了考虑价格以外，还看重店铺的资质。假如官方旗舰店和普通专营店的价格一致，那么大多消费者会选择从官方旗舰店下单，因为消费者普遍认为官方旗舰店的资质更高，售后更有保障。另外，加入保障计划，也更容易受到消费者的青睐。一方面，淘宝网会为加入消费者保障计划的店铺打上标记；另一方面，加入保障计划以后，售后更有保障，先行赔付能够增强买家的信任度，更容易让买家成为回头客。

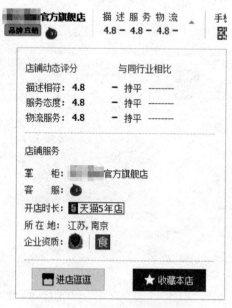

图11-9 某官方旗舰店的资质认证

2. 相关性优化

网店搜索的排名规则与相关性密不可分。相关性主要包括两大类：搜索相关性、评价相关性。

（1）搜索相关性，即关键词相关性，是淘宝搜索排名的第一规则，只有标题里含有搜索词或关键词的产品才会被展示，其他的都会被过滤掉。

（2）评价相关性，即客户评价的认可度，客户认可度越高，就越容易被优先推荐，包括人气排名中的30天成交量、转化率、回头客等人气指标。

3. 上下架时间优化

对于产品上下架时间的优化，应当遵循几个主要原则。第一，在选择好的成交时间段情况下，尽量避开强大的竞争对手，跟对手错开时间；第二，店铺里的产品要分开时间上下架；第三，下架时间选择7天上下架；第四，越接近下架时间权重越高，对接近下架时间的产品，要用橱窗推荐。

4. 特殊符号优化

很多人在设置淘宝时，喜欢在标题中加入特殊符号，如"★""￥""$"等，然而这些特殊符号并不能提升基础权重，相反还会被淘宝的搜索引擎自动忽略。另外，特殊符号的使用，还会占用宝贵的标题字数，影响关键词的排列与分布。

5. 极限词的使用

《新广告法》对广告用语提出了更规范、更严格的要求，其中就包括对极限词的规定。《新广告法》中规定不能使用的极限用语包括：国家级、世界级、最高级、最佳、最大、第一、唯一、首个、最好、最大、精确等。这些极限词是坚决不能使用的，否则容易导致宝贝被删除，甚至被罚款。

6. 学会使用空格

在拟定宝贝标题时，要注意对空格的使用。搜索引擎会默认空格为强制分隔符，把空格前后的词语强制分成两个词语。例如，"休闲裤男"和"休闲裤 男"，二者代表的意思是一样的，但是在搜索引擎中有明显的区别。如果以"休闲裤男"为商品命名，那么在搜索引擎中输入"男 休闲裤"的时候，就未必能够找到该商品。

7. 输入法切换为半角模式

淘宝网的标题限定在60个字符以内，每个汉字为2个字符，同时还需要使用符号分割标题。符号在半角模式下为1个字符，在全角模式下为2个字符。因此，在给宝贝命名时，最好使用半角模式，以减少符号所占的字符。

淘宝关键权重的优化

淘宝的关键权重可以用四个字来概括：加强服务。卖家要完善自己的服务质量，提高自身的服务水平，减少买家的困扰，这样的店铺更容易提升权重。最典型的是淘宝DSR动态评分，评分项包括：宝贝与描述相符、卖家的服务态度、卖家的发货速度。

1. 描述相符评分

在动态评分中，"宝贝与描述相符"是很多买家极其重视的环节。而影响该项评分的，除了与卖家自身销售产品是否货真价实有关外，还与卖家在宝贝详情页中的产品描述有很大关联。要想提高描述相符评分，重点在于提高描述的准确度，做到既能突出产品的特性与优点，又没有夸大其词。

第一，对商品的描述要能真实地反映出产品的特点，例如衣服的尺码、面料、颜色等。买家在收到商品后，一定会对这些因素进行考证，如果不相符，就会产生不满情绪。

第二，卖家要提供图片和数据，让买家能够对商品有更直观的感受。

第三，在描述商品时，也要在商品说明书、详情页中注明注意事项，或者直接与买家沟通。

2. 店铺的服务质量

卖家的服务质量包含：售前服务、售中服务和售后服务阶段。这三个阶段都会因为卖家的服务态度、响应时间、解答问题等而影响消费者的评分。卖家在沟通过程中响应速度慢、用语不礼貌、专业知识不足、处理售后问题不及时等问题，都会影响消费者做出的服务评分。

3. 发货速度

卖家的发货速度是店铺动态评分的重要组成部分，发货速度包括两个方面：一是商家包装商品，并且通知快递揽件的速度；二是物流运输的速度。

4. 好评率

好评率是商品描述的重要参考，在淘宝的权重中占有重要位置，它所产生的无形约束力，迫使商家努力提升服务水平，因为一个差评就足以影响整个店铺的好评率。

5. 收藏、加购和用户停留时间

收藏、加购和用户停留时间能够直接反映店铺和宝贝的人气，尤其是在新品期，这三个方面的数据对未来的销售有很大的扶植力度。因此，在设计店铺的装修、活动以及营销等环节时，一定要下足功夫，给消费者提供充足的吸引力。

6. 商品动销率权重

商品动销率反映了店铺的销售情况，其计算公式为：

$$商品动销率 = \frac{动销品种数}{仓库总品种数} \times 100\%$$

与动销相对的是滞销，那些在30天内都没有销量变化的宝贝，很可能是不符合市场需求的，建议对其进行优化或者删除。

7. 老客户指标

淘宝店铺的运营分为两种：一种是普通店铺，另一种是金牌卖家。金牌卖家可以享受活动审核优先权、专属通道、无线端展示等权益，它只属于那些在一段时间内成交好、服务好、口碑好的卖家。

要成为金牌卖家，就必须重视对老客户的维护，因为老客户的权重是非常高的。包括对周期内买家访问人数、老买家回访率、重复购买率、买家推荐率等的考核。

8. 退货、退款率

随着电子商务的不断发展，各大平台都出台了大量规则，来保护买家的权益，同时对卖家形成约束。其中"七天无条件退货"的规定，成为买家最常使用的保障权益的措施。然而退货和退款会影响店铺的两项重要指标——退货纠纷率和退款速度，从而影响店铺的搜索排名。因此，卖家要重视店铺的退货、退款率。

淘宝的降权处罚规则

一般来说，虽然网购平台在管理细则上可能有差别，但是在针对各种不合规的行为降权处罚上，总体上是一致的。店铺被降权后，会影响店铺在自然搜索中的过滤与排名。商家在网店平台上做生意时，需要了解平台的一系列规则，尤其是平台的降权处罚规则。

1. 虚假交易

网店卖家进行虚假交易，通常是为了打造爆款，提升店铺的权重和排名。网店平台会对这种行为进行异常检测，一旦出现以下几种行为表现，就有可能被认定为虚假交易。

（1）发布的商品中没有实物，只有信息，例如减肥秘方、赚钱方法、商品知识介绍等。

（2）把一些免费获取的物品当作商品出售，例如免费的优惠券或资格权、商场的赠品、化妆品试用装、1元以下的虚拟类商品（Q币/收费游戏点卡除外）等。

（3）在描述中出现明显的诱导好评的文字或内容。

虚假交易，通常表现为刷单，这是各大网购平台长期以来的重点打击对象，同时也是国家市监局的打击对象。网店刷好评、删差评等行为，甚至会被列入严重违法失信名单。如果商家真的希望宝贝的销量有起色，一定要建立在流量支撑的基础上，绝不可贪图省事，一刷了之。

2. 偷换宝贝

我们都知道，爆款宝贝更容易获得流量。假设一款宝贝A累积了5万件销量，通过平台的算法出现在推荐页上，吸引了很多人前来点击，但是由于种种原因，这款产品的竞争力正在下降，有被淘汰的危险。卖家舍不得放弃这么好的基础数据，于是把宝贝A换成了宝贝B，同时更换了标题、主图、详情页等，只有链接和数据没变，从而继续霸占榜单。这种偷换宝贝的行为多出现在周期销售的类目，这种行为也是网店重点打击的对象。

3. 重复铺货

重复铺货是为了提升在搜索时被展现的概率，从而提高销量，但是这种做法无疑会对消费者造成误导，也会占用平台的资源，因此会受到平台的处罚。例如：

（1）同款商品不允许不同颜色分别发布（类目：数码产品、网游、家电、汽车配件及饰品等）。

（2）同款商品不允许以大小规格不同分开发布（类目：男装、女装、童装、鞋帽等）。

对于重复铺货，网店平台的认定非常严格，他们通常要求，不同的商品必须将商品的特别之处以标题、描述、图片等形式体现出来，否则将被判定为重复铺货。

4. 错放类目、属性

错放类目和属性，会导致网店对宝贝的管理效能降低。例如，卖家在填写宝贝属性的时候，在面料一栏写上了"纯棉"，然而宝贝的属性清单上却显示为"涤纶"。这些行为一旦被发现，宝贝就会面临处罚或者降权。

5. 滥用标题关键词

卖家在标题中使用了错误的关键词，使消费者产生了误判，这种行为就属于滥用、误用标题关键词。例如，明明是某品牌的服装，却在标题中写上了其他品牌的名字。这种行为一旦被淘宝天猫系统发现，就会使宝贝降权，甚至可能会被系统删除。

6. 价格与实际不符

如果宝贝描述中的价格与实际售价不一致，就会受到平台的严厉处罚，系统识别后会立即降权，降权时间根据作弊的严重程度而定。另外，当宝贝售价与市场平均价格相差太大时，比如一部手机价值5000元，却只卖50元，也会受到平台的关注。

7. 邮费不符

有些卖家把商品的售价定的得低，当消费者被吸引之后，却发现邮费远远高于市场水平；又比如卖家在标题中写着包邮，顾客购买时却需要支付邮费，这实际上是一种欺骗行为。系统识别后会立即降权，降权时间根据作弊的严重程度而定，邮费、价格严重不符的商品调整正确后最早可在5天内结束降权。

8. 广告商品

有的卖家会给产品设置一个抄底价，等消费者点进去之后，却发现在主图或详情页中出现了其他产品的广告。这实际上是以抄底价的宝贝为噱头，为其他店铺或产品做广告，一旦被系统发现，就会受到处罚。

9. SKU作弊

SKU是产品统一编号的简称，是用来进行物流管理的方法，每种产品都对应着唯一的SKU号。一些商家利用SKU作弊，会将多个宝贝的链接放在一个网页中，然后在标题中写上畅销款的名字，却用低价格吸引消费者。例如，将手机（3000元）和手机配件（1000元）放在一个网页里出售，然后在标题中写上手机的名称，却将价格设置为1000元，让消费者误以为这款手机只卖1000元，点进来以后才发现上当了，这种行为就属于SKU作弊。

第十二章

关联销售，增加店铺的整体销量

　　很多电商卖家忽略了关联营销的作用，其实它是一种低成本、高收益的营销方法。关联营销操作起来非常简单，就是在产品的展示页面中插入其他产品的展示，从而吸引买家点击查看，进而提升店铺整体的PV和销售量。但要想取得良好的效果，需要对关联营销方案进行精心设计。

用关联销售形成流量闭环

很多卖家并不了解相关知识，因此不知道如何做关联销售。其实关联销售的方法很简单，而且效果很好，和其他推广方式相比也毫不逊色。

什么是关联销售

关联，就是一个选择的过程。关联销售不是生拼硬凑，而是要追求"1+1＞2"的效果。人们也喜欢把它称为绑缚营销、捆绑营销，通常是在一个宝贝页同时放了其他同类、同品牌的关联宝贝，以便提高成交率。

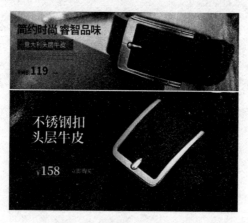

图12-1　最常见的关联销售

当消费者进入店铺，找到自己想要的产品以后，他可能会对关联的宝贝产生兴趣并下单，而不必再去其他店铺购买。这样一来，你就可以同时卖出两件产品。当消费者能够愉快地浏览你店铺中的各个宝贝，不会因为找不到自己想要的产品而选择离开店铺，而是选择长时间停留在你的店铺中时，这就形成了一个流量闭环。

如何选择关联产品

关联产品的选择，一般来说有以下两个原则：

（1）不要设置太多数量的产品，因为消费者的精力是有限的，太多的产品会让消费者感到厌烦。通常，卖家会选择2~6款产品进行关联，搭配出售。

（2）所谓关联销售，就是要推荐有一定联系的产品，不要推荐那些毫无关联的产品。一般而言，卖家会选择相似产品或者互补产品。

关联销售还应当以提高销量为首要目的，在这里推荐两种较为常见的搭配模式：

（1）跳失率较高的主打产品+跳失率低的关联产品。

（2）转化率较低的主打产品+转化率高的关联产品。

总之，关联搭配的目的，就是要让热销的产品去带动那些销量低的高利润产品，从而提升整体利润。而这样的搭配，可以轻松吸引消费者，将他们的注意力转移到主打产品上，而不会就此离开店铺。

关联销售的营销细节

关联销售是一种十分灵活的营销方式，卖家在运用关联销售时需注意以下细节。

1. 关联销售的位置

关联销售的位置可以放在页面的上方、中间或者下方，针对不同的商品设置不同的关联位置。在页面的上方，可以摆放跳失率高的商品；在页面的中间或下方，可以摆放转化率高的商品，以增加曝光度。

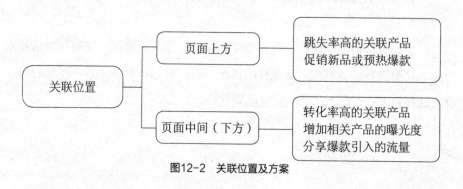

图12-2　关联位置及方案

关联销售的核心是规划购物路径，因此在视觉设计方面，要考虑商品链接的摆放位置、关联产品的类型以及关联广告等，向UV价值高的商品上导流。

2. 价格设置

关联销售能够让消费者在浏览一款产品的网页时，看到另一款产品的广告链接。如果关联设置得好，能够引起消费者的兴趣，让他同时买下这两款产品，那么客单价就会提高很多。

由于关联营销会同时显示两款产品，消费者必然会对价格进行比较，因此在设置的时候，要让买家感觉到物有所值，便可以让关联营销取得成功。例如，同款手机贴膜，单独出售时只能卖10元，还要面对其他店铺的竞争，但是在与手机关联销售时，即使卖15元，也能有很高的销量。

3. 注意统一消费层次

在设置关联营销时，很多人经常犯这样一个错误：他们以低价的产品冲销量，然后与高价产品相关联。虽然这可以为店铺带来流量，但对转化率的提升很有限，因为购买低价产品的客户大多对价格十分敏感，想要通过这部分人群去提升高价产品的销量是十分困难的。因此，在设置关联营销时，一定要注意同等消费层次。

4. 关联搭配或者互补

在设置关联营销时，一定要注意两种商品之间的关联性，最好选择能够搭配或互补的产品。此外，还要注意搭配的整体效果，包括颜色搭配、设计风格的和谐统一。例如，在休闲衬衫的产品页面，可以关联牛仔裤和外套，但不适合关联燕尾服，也不适合关联袜子。

关联销售的推广策略

在实际运作中，人们通常使用以下几种方法来达成关联销售的目的。

1. 同类型关联

同类型关联是将几款相同类型的产品放在一起，就像在水果店中，店主不会只摆放一个苹果，而是会摆放一堆苹果一样，这样可以形成更加强烈的视觉冲击。

图12-3　同类型关联示例

2. 互补型关联

互补型关联的做法是在页面上放置有直接相关性的产品，如图12-4中的示例，这是一款豆浆机的详情页截图，商家在详情页中放上了电饭煲、电磁炉等相关产品，这些产品可以满足消费者的多种需求。

图12-4　互补型关联示例

3. 版本型关联

版本型关联是将产品的高配版和低配版放在一起，进行关联销售，这种方法的好处是页面比较简洁，为消费者节省了查找的时间。

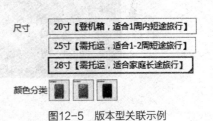

图12-5　版本型关联示例

4. 优惠活动关联

将优惠活动引入关联销售中，用价格和折扣吸引消费者主动点击相关产品。

图12-6　优惠活动关联示例

5. 搭配推荐关联

在推销一款产品时，同时推销另一款产品，并且这两款产品可以组合在一起，形成一个套装。例如，在卫衣的产品页面推荐T恤，在爽肤水的产品页面推荐化妆棉等。

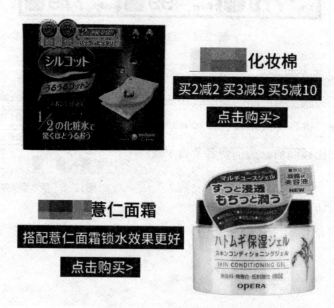

图12-7　搭配推荐关联示例

第十三章

平台大促，一场全民参与的购物狂欢节

　　如今，几乎每个电商平台都会举办大促活动。那么在大促活动时要怎么做，才能吸引用户来购买自己的产品呢？读完本章的内容之后，您将了解电商平台大促的作用和意义，熟悉大促活动的准备、策划、选品、进行、复盘和总结等一系列流程。

为什么电商都喜欢做促销

每到节假日，各大电商平台就会纷纷推出促销活动，折扣力度一个比一个大，甚至没有节日也要创造节日搞促销，如"双十一""双十二""618"等都属于此类。那么，为什么这些电商平台都喜欢举办促销活动呢？这样做对他们有什么好处呢？

1. 通过促销赚取利润

电商平台所做的促销活动也不是为了赔钱，事实上促销能够在短期内给企业带来巨额利润。

在促销期间，虽然商家会降价，但是降价不代表会亏损。大多数降价产品在降价之后也有很大的利润，例如服装、化妆品等，这些产品的制造成本并不高，但是竞争非常激烈，因此营销成本很高。"618""双十一"的出现，相当于为所有商家做了一次广告，在短时间内，吸引了众多消费者的关注。能够把握住这些机会的店主，就能在短时间内赚取高额利润。

对于电商平台而言，这也是一次很好的机会。仅以"双十一"为例，2018年天猫"双十一"全天的交易额就高达2135亿元。如此高的销售额，会给平台带来丰厚的回报。

2. 提升团队战斗力

对于平台来说，做促销活动也是一次检验战斗力的绝佳方式。在日常经营时，很多问题都不会暴露出来，但是到节假日等销售旺季到来时，这些潜藏的问题就会突然爆发，给平台带来意想不到的损失。平台主动做促销，就像是进行了一场演习，对平台系统、产品体验、商家配合、运营效率等各个方面进行检验，将那些被忽视的问题一一暴露出来，然后做出改进。而且在举办促销活动之前，平台有充足的时间做准备，因而是可控的。淘宝最初举办"双十一"促销时，也曾在物流运输和操作系统等方面遇到问题，但是经过不懈的努力，这些问题已经得到了显著的改善。

这一点对店家同样适用，店家也可以借助这次机会检讨自身的不足，从而改善经营，尽快提升管理能力。促销活动是对全体团队的一次练兵，尤其是对公司的运营人员，他们的精神处于高度紧张的状态，他们对流程和细节的把握以及对危机事件的处理能力，都会有很大的进步。

3. 获取流量和新用户

促销是获取流量和新用户的有效方式，在日常生活中，我们经常可以看见商家的促销活动。随便进入一家商场，几乎都可以看到打折、满减、特定品类优惠、换季处理等促销信息。可以说，商家无时无刻不在促销。如果没有促销，反而是件奇怪事。

前面我们说到促销不代表亏损，但是有时候，有些商家会将价格降到一个夸张的水平，用价格战的方式与同行竞争，以便在短时间内提升销量，吸引大批新用户。在这个过程中，他们或许只能赚取很少的利润，甚至有可能亏损，但是亏损数额仍在商家能够承受的范围内。

从目前的商业形势来看，电子商务已经十分成熟，获客成本正在逐渐升高，促销的作用越来越突出。

4. 清理积压的库存

每到换季时，都会有很多商家打着促销的名义清理换季产品，其目的是清理库存，回笼资金。和前面的几个原因相比，清理库存更像是一种被动的行为。我们经常在媒体上看到这样的新闻：某地的水果积压，卖不出去，只能烂在地里。其实，不是农民们不愿意出售，而是因为库存、生产、运输都需要成本，如果商品的价格已经低于这些成本，将水果销毁反而是及时止损的最优解。相比之下，促销大战更容易被人们接受，通过促销活动，商家还可以赚取一定的利润。

5. 讨好用户的机制

对于很多消费者来说，参与促销活动是一件很有趣的事情，经过线下市场长时间的培养，他们已经形成了习惯，知道逢年过节时商家有促销活动，此时购买打折的商品会让他们产生一种成就感，满足自己的情感需求。电商当然也明白这一点，于是他们主动为这种需求提供理由，打造各种名目的购物节，用精美的商品和超值的价格，让消费者开开心心地购买。

大促活动的策划和准备

参与平台大促，做好充足的准备。在备货、预热、推广、上线之前，要制订详细的计划，方能取得最好的成绩。

1. 制定大促目标

首先，我们要制定一个目标，不管你在大促中做什么，有了明确的目标，才知道接下来该怎么做。很多人忽略了这一点，走一步看一步，最后把整个活动搞得非常混乱。

一般而言，大促活动的目标主要有四个，如图13-1所示。

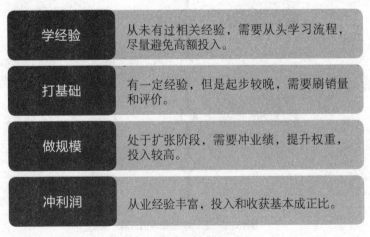

学经验	从未有过相关经验，需要从头学习流程，尽量避免高额投入。
打基础	有一定经验，但是起步较晚，需要刷销量和评价。
做规模	处于扩张阶段，需要冲业绩，提升权重，投入较高。
冲利润	从业经验丰富，投入和收获基本成正比。

图13-1　商家大促的四种目标

卖家应当根据自家店铺的条件制定明确的目标，有了明确的目标，才能确定接下来的各项投入，并预估销售额。

这些目标包括：UV（访客数）目标、转化率目标、客单价目标、收藏目标、加购目标、优惠券发送目标、老会员激活目标等。

根据这些目标，就可以推算出计划中的销售额目标。电商销售额的计算公式是：

$$销售额=客单价 \times 转化率 \times 访客数$$

2. 大促报名和申请资格

在淘宝、天猫、京东和拼多多的商城里，虽然大促活动的报名途径略有不同，但是总的来说还是比较相似的，操作十分方便。其操作流程如图13-2所示。

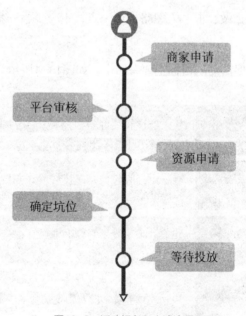

图13-2　活动报名和申请流程

以天猫商城为例，在商家后台中心找到"营销中心—官方活动报名"，点击之后就能看到可以报名的活动。如图13-3所示。

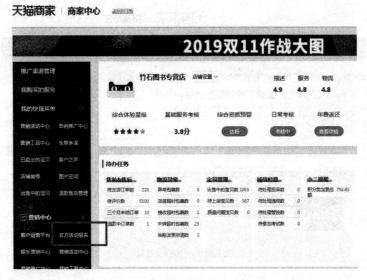

图13-3　营销中心—官方活动报名

可以看见活动列表，查询"可报名"及"已报名"活动。如图13-4所示。

图13-4　官方活动报名入口

找到自己想要参加的活动，点击就可来到该活动的报名处，会显示报名状态。如图13-5所示。

图13-5 活动报名处

点击进入活动报名，可以查询活动的流程，并且查询相关的规则。如图13-6所示。

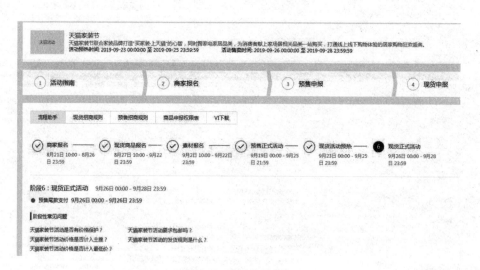

图13-6 活动流程查询

在大促活动开展之前，每个电商平台都会给商家预留出一段时间，使商家能够提前报名和申请，并且做好充足的准备。

在报名申请时，并非所有店铺都有机会通过，电商平台对可参与大促的商家都做出了详细的要求，如果不能满足要求，就会被认定为劣质商家，不允许参加大促。

审核内容主要包括：

（1）店铺的DSR（动态评分）数据。

（2）店铺纠纷退款率。

（3）冲突机制设计：库存数，最低价，优惠政策。

（4）店铺是否存在虚假交易。

（5）店铺的企业认证。

确定大促的主推产品

在经营店铺的过程中，卖家会挑选某些产品作为店铺的主推款。那么，什么是主推款？为什么要设置主推款呢？

为什么要确定主推款产品

经济学中有一个著名的"二八定律"，指的是在人类社会中，20%的人占有了80%的财富。这个道理也可以用在销售中，通常20%左右的畅销款可以创造80%的营业额。因此各大商家都愿意着力打造畅销款，并且为畅销款投入高额的营销费用。只要充分发挥主推产品的潜力，将主推产品做成畅销款，就能在大促活动中收获不俗的销售业绩。

在大促期间，淘宝卖家需要精心挑选一款宝贝，作为店铺的主推款产品，主推款产品能够为店铺带来一定的流量和转化率。商家应当结合店铺的实际情况，以及市场上的行情，在店铺的首页上设置一个或者多个主推款。

如何挑选主推款产品

在挑选主推款产品时，应当重点关注转化率较高的产品。浏览量虽然也很重要，但是不能取代转化率的地位，如果浏览量很高，转化率却很低的话，就不适合做主推款。

设置主推款产品，也应当把店铺的客流量作为重要的参考条件。对于那些客流量较少的新店铺而言，例如每天的访客量在100以下的店铺，当务之急不是做主推款，而是应该先做一些基础的访客和免费的搜索流量。当访客的流量提高以后，就可以根据关键词、收藏加购等数据，分析出比较有优势的主推款产品。对于浏览量较大的店铺，则应当认真确定主推款。

商家可以用直通车进行测款

直通车是商家用来监控并分析数据的工具，通过对直通车的使用，商家可以清楚地掌握店铺的运营情况，以及每一件宝贝的销售情况。因此，利用直通车可以很方便地对产品的销售情况进行测试，并且根据数据对比，找出那些有可能成为爆款的宝贝。

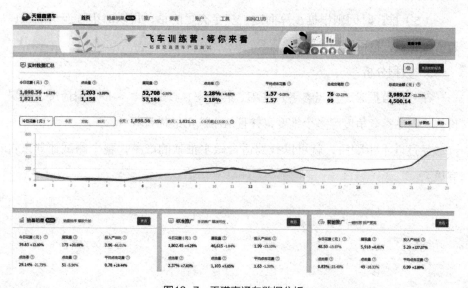

图13-7　天猫直通车数据分析

1. 选择测试产品

用于测款的产品，应当是店内搜索量高、成交量高的产品，这些产品更有机会成为爆款，因此有作为主推款的价值。标题一定要做细致、准确，做好延伸词、引流词，尽量避免后期更换。最后则是主图，主图是最直观的表现，它决定了消费者会不会点击你的产品。

2. 开始测试

具体步骤：

（1）在直通车中新建一个计划，为了确保数据客观，尽量使用没有数据的空白计划，以减少权重的影响，同时智能匹配和关闭定向，只做站外推广；图片流量分配方式设置为轮播；投放地域设置为全部地域，国外、港澳台地区除外。

（2）新建宝贝推广，添加5~10个关键词，也可直接使用系统推荐的词。

（3）添加2~4个创意标题，要求标题能够覆盖关键词。

（4）关键词出价先设置移动16~20名出价或更靠前的位置，PC端暂时不测试，但无法关闭PC端，所以关键词PC端出价0.05元，不投放广告。

（5）推广时间则根据预算而定：资金充足的话，可以24小时连续测试；若资金有限，也可以只测晚上。

3. 数据分析

在分析数据时，应当参考点击率、转化率、收藏率、客户反馈情况、流量价值、同品类竞争度等多个维度，并且从中选出最优者。

经过以上步骤后，就可以找到适合做主推款的产品，整个测试计划宣告完成。

大促活动进行过程

近年来，几大电商平台开发了许多大促活动，在混杂的市场中坚持下来的商家已逐渐稳定，大促活动也形成了固定的模式，基本可以分为四个阶段：蓄水期、预热期、爆发期和收尾期。下面我们以"双十一"为例，讲解平台大促的过程。

蓄水期的活动策划（10月15日至10月31日）

众所周知，"双十一"在每年的11月11日举办，而蓄水期通常在此前的半个月拉开大幕，也就是10月15日至10月31日。

为什么要称作蓄水期呢？其实这是一种比喻手法，将活动信息通知新老客户，就是在为"双十一"活动积攒流量，就像一个蓄水池一样，因此把这段时间称作蓄水期。

在这段时间内，淘宝、京东等电商平台还没有正式开始活动，但是关于"双十一"的细节部署已经制定好并开始实施。商家需要利用这段时间完成准备工作，例如提前和平台联系，报备店铺的"双十一"计划和目标，包括备货、投放广告、销售额、订单量等，并且向小二提出需求，有策略性地投放一些广告，并在页面开始处营造"双十一"的气氛等。

蓄水期的工作重点就是预告、通知、造势。把活动信息尽可能广地宣传出去，让更多的消费者知道，让他们把自己喜欢的东西加入购物车或者收藏夹。

其中包括唤醒老客户和拓展新客户两个工作任务。

唤醒老客户可以通过群发短信、旺旺通知、派发VIP优惠券、店铺红包等方法。

拓展新客户则主要通过直通车、钻展、超级推荐、直播等方法，把店铺的优惠信息告诉给消费者，让消费者收藏店铺。

预热期的活动准备（11月1日至11月10日）

在这段时间内，电商平台大多已经开始营造购物节的氛围了。为了避免同天猫发生直接竞争，部分平台的产品已经开始降价，通过这种方法多占一点市场份额。

预热期的活动包括：新款预热、活动预热、店铺预热。简而言之，就是留出充足的时间，让更多的客户了解更多的信息，提醒客户根据自己的需求收藏或购买宝贝。

在这个阶段内，店铺可以做很多事情，例如：

（1）推出签到功能，每天发放一定数量的优惠券，吸引消费者前来浏览。优惠券的数额通常不会太大，有些可以叠加使用。对于这样的活动，消费者通常很难拒绝。

（2）利用微信公众号、微博、头条号等媒体，开展粉丝营销活动，如参与转发有奖，进一步提升活动气氛。

（3）选择部分SKU举行降价活动，提前抢占市场，培养用户黏性。

（4）选择位置和定向人群投放广告，加大宣传力度。

爆发期的活动开展（11月11日）

经过漫长的准备期，终于迎来了"双十一""双十一"当天的经营是大促活动的爆发期，也是运营人员最忙碌的一天。在这一天里，商家唯一能做的就是全身心地应战。

商家需要做的事情包括：

（1）做好客服、运营、美工、仓库的24小时轮岗工作，预防突发情况的发生，确保及时做出反应。

（2）对活动的页面进行检查，防止出现问题，例如库存和价格，以免被平台锁定，无法更改。

（3）跟踪竞品或竞争对手的活动情况，包括页面、活动力度、促销玩法等。

（4）紧盯会场数据，及时制定对策，更改运营方案。

收尾期的活动开展（11月12日至11月18日）

很多人认为，11月11日结束以后，大促活动就结束了，运营人员也可以放松了，这是不正确的。实际上，在之后的很多天内，活动仍然在持续，因为在大促中，商家引来了大量的访客流量，他们会对很多宝贝收藏、加购，但是未必会清空购物车，还有一些人错过了此次大促活动，因此至少要延续一周时间，才能充分消化这些流量。

此时，商家可以向那些错过活动的消费者介绍订单，用一些稍小的优惠力度诱使他们继续购买。

同时，商家还要安排返场、审单、发货、促销修改、活动承接、价格调整、装修调整、售后处理等工作。

做好复盘和收官总结

俗话说"失败是成功之母",没有人生下来就是商业天才,成功源自于对过往失败经验的总结。因此,在每一次大促活动结束之后,都应当做好收官和总结。

为什么要做活动复盘

"复盘"是围棋比赛中的术语,意思是比赛结束以后,把双方所下的每一步棋在棋盘上重演一遍。这个概念被引入企业管理中,成为一种常用的经营工具。

复盘的目的和作用就是要对店铺在大促活动中的成果进行统计,然后和计划进行对比,看看哪些行动是有效的,哪些行动是无效的,从而反思、总结,为下一次参与大促提供经验。可以说,要想做好大促活动,关键要看复盘的效果怎么样。

复盘包含两个工作重点:其一,记录数据,为今后同类型的活动做好数据对比的依据;其二,做总结就是为了发现问题、找到问题的原因,继而解决问题。可以将店铺层级、类目排行、利润率等分析结果一一列出,以表格的形式展现出来,并在任务描述区添加相应的信息。不同部门的人员,可以分别负责各自工作的复盘,最后将数据统计到一起,让整个大促活动的复盘情况一目了然，方便为后续的活动提供经验。

复盘分析的主要目的是考核团队成绩，但是也不能只看KPI，还应当注意一些细节方面的事情，例如客服满意度、发货速度、年度计划完成度等。具体到细节方面，又可以延展至预售预热数据对比、商品信息对比、流量和销售时段对比、行业排名对比、直通车和钻展对比等。

活动复盘的具体内容与操作

了解了复盘的作用和意义，接下来便是了解复盘的具体内容和操作。复盘的重点是数据整理与分析，我们可以将其分为三个部分，并且用表格的形式展现出来。

1. 大促营销数据总览

表13-1 数据总览样表

项目	数据		
	去年	今年	增长率（%）
PV			
UV			
转化率			
买家数			
客单价			
转化率			
DSR			
销售额			
无线端销售额			

这张表主要包括大促期间的店铺销售额情况，以及客户的购买情况等。其中UV（访客数）、转化率和客单价这三个数据是复盘工作的三大核心指标，

商家通常用它们来对整个销售活动进行判断。

2. 流量完成情况

除了销售额以外，流量也是商家关注的重点。表13-2反映了促销活动的效率，以及商家对投入的分配是否合适。

表13-2　流量完成情况样表

阶段	流量			
	PC端免费	PC端付费	无线端免费	无线端付费
蓄水期				
预热期				
爆发期				
收尾期				
合计				
占比（%）				

3. 品类或单品完成率

下表是产品的实际销售情况和预期销售情况的对比，反映了各个产品的销售情况。

表13-3　品类或单品完成率样表

分类	数据				
	购买人数	销售金额	预计销量	实际销量	完成率（%）
产品A					
产品B					
产品C					
产品D					
产品E					

第十四章

数据分析，精准把握店铺的发展动态

　　收集并分析数据是经营网店的重要环节，因为数据反映了店铺的真实经营状态。很多卖家知道自己的店铺有问题，却不懂如何分析问题，更别说解决问题。一个优秀的店铺，每天都会对各种数据进行分析，这样才能保持店铺的稳定发展。那么数据分析具体应该如何去做呢？数据分析需要使用哪些指标呢？

数据分析成就高阶运营

通过对数据的分析和利用，可以验证和优化自己的工作，从而提升运营的效率。在互联网时代，数据化能力已经成为区分高阶运营和低阶运营的分水岭。

数据运营是一种必备思维

运营分为很多种类，最常见的有产品运营、内容运营、活动运营、渠道运营等。运营的入门门槛并不高，但是真正做好却很难。在大数据时代下，数据分析对产品的发展及行业未来已经无可替代，数据成了企业发展的重要支撑，数据运营也由此诞生。数据运营的主要职责就是数据分析，从庞大的数据中找出有价值的部分，并且通过分析找出其中的规律，从而帮助企业进行决策与优化。

阿里巴巴创始人马云曾经在一次演讲中说道："人类正从IT时代走向DT时代。"所谓的DT，就是数据处理技术（Data technology）。运用数据是运营人员的必备思维之一，因为人都是有一定主观倾向的，但是数据不会说谎，数据本身是客观的，能够反映出事件真实的一面。

数据分析三步走

数据分析不仅可以运用在企业运营中，还可以在日常生活中使用。对于数据的分析和使用，可以通过三个步骤完成。

1. 了解数据工具

首先，要了解分析数据的工具，以及它们的使用方法，例如数据指标的含义和定义，以及统计的方法，这样才能找到一个比较合适的指标对产品或者活动进行衡量。

对于经营网店的人来说，数据分析的工具有很多，例如阿里巴巴的数据软件——阿里指数、生意参谋，京东平台的京东商智，拼多多的多多参谋，此外还有许多第三方数据分析工具，能够为商家提供全方位的数据分析服务。

2. 收集相关数据

经营一家网店不是件容易事，尤其是想长久经营下去，其中的艰辛只有店主自己才知道。要想把网店经营得有声有色，从开设店铺之前就应当学会收集数据。通过数据工具，我们可以获得一些比较具体的针对消费者的数据，例如热门的商品类目、搜索的人群集中区域、热搜关键词、人群的属性、年龄等。

3. 分析数据

收集好数据之后，接下来要做的就是对数据进行分析。分析数据的重点是将无效和虚假的数据剥离，如今，一些专业的大型公司主要利用分布式数据库或分布式计算集群，对存储于其内的海量数据进行普通的分析和分类汇总等，以满足大多数常见的分析需求，而实力较弱的广大中小型企业仍然借助于一些简单的工具，做出较为直观的分析。

在分析自家店铺数据的同时，也可以了解一下市场的各个方面，例如，通过阿里指数了解最近一周通过无线端淘宝搜索的占比是多少，各个大分类的商品热度高不高，等等。

4. 做出决策

这是数据分析的最后一步，期间所有的工作都是为这一步做准备。数据可以说是我们开淘宝店铺了解目前市场的一个渠道，通过数据了解这个市场后，就可以做出相应的决策，根据数据分析的结果，对产品和方案进行改进。需要注意的是，决策必须根据自身的实际情况来定。

常用的网店数据分析方法

分析数据对网店经营至关重要，它能够将繁杂的事实转化为清晰可见的数据，让非专业人士也能够清楚地理解。

企业数据分析的思路

在分析数据的过程中，使用一些简单的思路，可以有效提升数据分析的效率，避免盲目作业。

1. 描述：发生了什么？

这是数据分析的第一步，在做任何决策之前，都要对目前的形势有充分的了解，这是网店店主的必备能力。例如，活动页面的浏览转化率、宝贝详情页的购买转化率、广告的点击率等，结合营收和支出账单，可以有效掌握网店当前的发展情况。

2. 诊断：为什么发生？

获取了信息之后，接下来要做的是分析出现这种现象的原因，通过评估数据，准确地找到店铺的弱点。

3. 预测：将会发生什么？

根据当前存在的弱点，预测一下：如果这种行为得不到改正，将来会发生什么，并且为这种可能性预估一个可量化的阈值。

4. 指导：需要做什么？

根据已有的资料，对网店的经营策略做出调整。这是数据分析的最后一步，也是最终目的。

分析网店的流量数据

流量是店铺的生命之源，所谓的数据分析，很多时候其实就是在分析流量的数据。流量需要所有网店卖家时时刻刻予以关注。那么，究竟应该怎样观察店铺的流量呢？如何确定店铺的流量是否健康？如果发现流量下滑，甚至是持续大幅下滑，应该如何找到核心问题呢？

针对流量的观察，应当坚持几个重点。

1. 观察流量的整体趋势

这反映了店铺的整体运营是否平稳，一般情况下，整体趋势呈现平稳上升是最理想的状态，大起大落不利于店铺的长久运营。

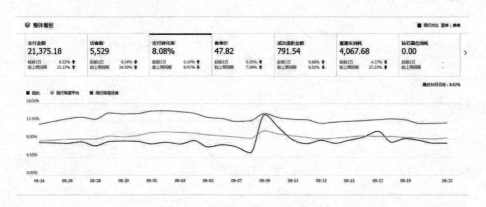

图14-1　淘宝生意参谋数据图

以淘宝网为例，图14-1是生意参谋的截图，反映了最近30天的日均访客数和转化率，最上面的线条代表同行同层最优秀的数据，中间的线条代表同行同层的平均数据，最下面的线条代表本店铺的数据。

2. 观察访客量和转化率

在生意参谋里，访客量和转化率的关系可以反映出店铺的经营情况，这两项数据最好是同步上升的，否则就会出现问题。

例如，当访客量处在行业平均水平以上，转化率处在行业平均水平以下时，说明你的店铺消化访客流量的能力有限，很快访客数就会持续下滑，下滑幅度取决于营销费用的高低。

当访客量在平均水平以下，转化率在平均水平以上时，说明流量的结构不合理，有可能是数据的大部分来自付费流量，搜索优化没做好；也可能是付费流量的投入不足，导致直通车、淘宝客等付费流量达到了上限。

还有一种情况是访客量和转化率都在平均水平以下，这时问题就变得比较麻烦了。在这种情况下，访客量和转化率很容易陷入恶性循环的境地，甚至有被迫关店的危险。针对这种情况，一般要从三个方面着手解决：第一，看产品是否符合市场需求；第二，优化详情页设计，包括主图、标题、banner等；第三，加大付费流量的投入。

数据分析常用的6个图表

在店铺经营的过程中，我们会遇到很多种数据，运营平台从多个角度记录了店铺的发展情况，其中最被人们关注的有6个数据图表，它们分别涵盖了销量、流量、推广占比、流量来源、转化率、爆款产品。

1. 商品的SKU和SPU状况

商品的SKU和SPU状况反映了商品的销售趋势。从图中可以看出，我们能够浏览上架商品数、商品曝光率、成交转化等数据。

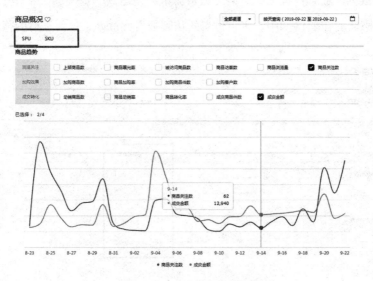

图14-2　SKU和SPU状况

2. 店铺的核心指标

店铺的核心指标包括UV、PV、成交金额、转化率等数据。

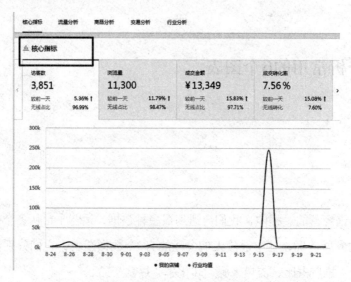

图14-3　店铺的核心指标

3. 访客数占比

访客数占比显示了店铺的推广占比，主要包括自主访问、免费推广、付费推广等数据。通常情况下，店铺的免费流量应该达到60%~70%，才算是比较健康的范围。而在图14-4中，来自付费的访客数占比最高，需要进行调整。

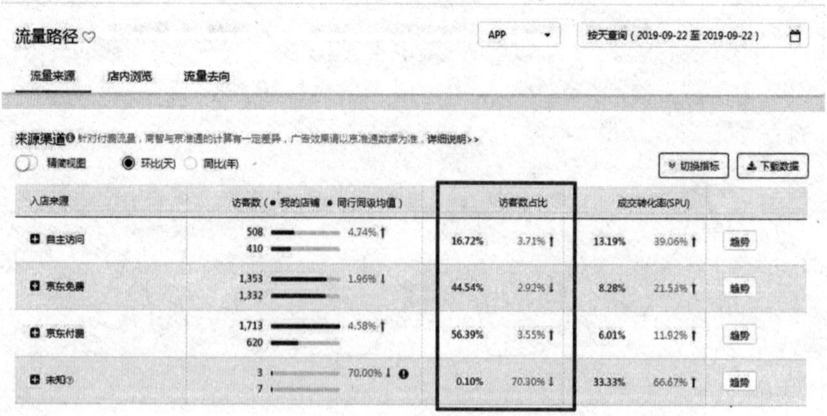

图14-4　访客数占比

4. 访客流量的总体比例

将图14-5拓展之后，便可以知道店铺的整体访客流量来源。例如，点击"京东付费"之后，便可以得知通过"独立海投""京东快车""购物触点"和"京挑客"等渠道进入店铺的访客数量和比例是多少。

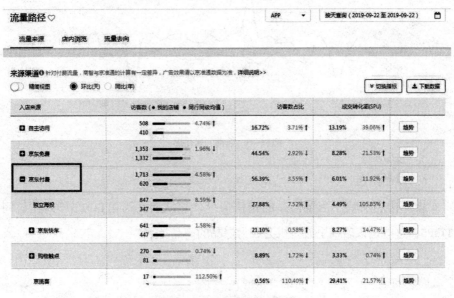

图14-5 访客流量的总体比例

5. 店铺的转化率和趋势

透过曲线的变化，可以发现店铺转化率的变化情况，包括访客数、浏览量和成交金额的具体数值。

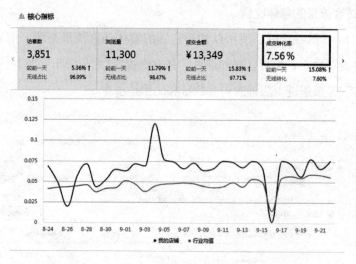

图14-6　店铺的转化率

6. 爆品排名

爆品排名反映了店铺商品的销售情况，包括商品销售TOP5和商品访问TOP5，这些是该店铺里最有机会成为爆品的商品。

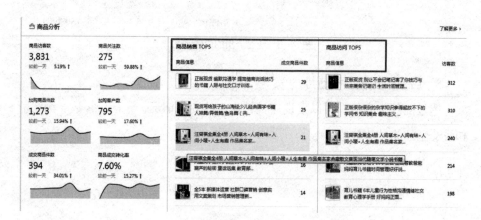

图14-7　爆品排名

第十五章

用户运营，赢取回头客

　　电商运营有很多种方法，包括活动运营、产品运营、新媒体运营等。用户运营是其中一种崭新的运营理念，它是一种以用户行为数据为基础，以用户激励与奖励为手段，不断提高用户体验，促进用户行为转化，延长用户生命周期价值的运营方式。

用户运营：一场针对卖家的赋能

"用户运营"是近些年来较为火热的一个词语，它与传统营销模式中的推广和引流不同，是一种更加精细化的运营模式。

用户运营的基本原理

和传统的运营方式相比，用户运营更加看重消费者的价值，它是以用户为中心，最大限度地激发用户价值的运营方式。

用户运营看似容易，但操作起来并不容易，它对运营人员有很高的要求，因此在各个领域都属于稀缺品。用户运营能让用户对品牌产生很强的依赖感，因此在实际运作中，必须遵循以下几条原则。

1. 营造稀缺感

定制化、精细化是未来商务的一大方向，这一点很多人都深有体会。电商平台的限时降价，小米手机的限量预售，会员的限额领取等，都是这种策略的体现。物以稀为贵，稀缺感能给用户带来更强的吸引力。

最常见的办法是赋予用户某种身份，例如VIP会员、金卡用户等。特殊的身份还要对应特殊的权益，积分、折扣、赠品、活动入场券、抽奖机会等，都能给人营造出稀缺感。这种稀缺感还能促使用户产生炫耀的欲望，愿意将它发布在社交媒体上。

2. 提升可信度

最常见的做法是打造意见领袖，以及申请认证背书。在传统营销模式下，商家喜欢请明星为产品代言，这是一种提升可信度的方式。而在互联网时代，代言人逐渐由明星转变为KOL。KOL（Key Opinion Leader），就是关键意见领袖，他们大多是某行业或某领域内的权威人士，对产品更了解，有更广的信息来源、更多的知识和更丰富的经验。大部分社区中都有活跃的KOL，店家可以请KOL为自己的产品代言，吸引更多的目标用户。

3. 提升趣味性

用户运营必须有趣、好玩，才能被广大用户群体接受。很多网站的VIP是分等级的，不同的等级拥有不同的特权，看着等级逐步提升，就是一个充满趣味的过程。还有直播中的打赏和抽奖，微信的步数排行榜等，都是利用趣味性来驱动用户参与。

用户运营的操作方法

用户运营的操作，可以分为四个阶段进行。

（1）开源：如何将新用户转化成活跃用户。

（2）节流：激活沉默的僵尸粉，将他们再度变成活跃粉。

（3）维持：提升现有用户的黏度和活跃度。

（4）刺激：促进用户活跃甚至向付费用户转化。

在实际运作中，店家最常使用的方法，是先建立一个渠道，如微信号、淘宝群聊、品牌号、线下见面会等，将所有用户的信息收集在一起，然后根据用户的年龄、性别、社会阶层、家庭组成、个性、生活方式等信息，对用户进行分层，从而实现精细化运营。

从流量思维，到用户思维

众所周知，做网店的都喜欢追求流量。如何获取流量？如何让流量变现？这些都是大家感兴趣的话题。然而流量不等于销量，销售的本质仍然是为客户服务。

什么是流量思维？什么是用户思维？

流量思维，是一种把流量作为衡量标准的思维方式。流量思维有其独特的优点，它把难以捉摸的市场形势转化为客观的数据，让人们能够更加轻松地掌握经营动态，并且做出针对性的决策。

流量思维的具体表现是一切只看流量，在经营网店时，只看销售额和KPI。流量思维的缺点十分明显，它没有真正重视用户的感受，一旦流量下降，经营就会立即陷入困境。而且在流量思维的影响下，人们很容易陷入唯数据论的误区，缺乏长期战略利益的考量，不利于长久经营。

相比之下，用户思维是一种着重提升服务质量的思维方式，它要求人们真正做到以客户为中心，学会站在用户的角度考虑问题，和用户建立联系，为客户提供优质服务。

流量思维强调的是利益至上，而用户思维秉持的是赢得用户才是王道的精神。无论在哪个时代，用户都是销售需要重点关注的一个核心要素。一切工作都应当围绕着用户这个核心，精细筛选出具有高忠诚度和高凝聚力的用户群体。

在运营和推广方面，流量思维通常表现得十分简单直接。例如，在设计宝贝的详情页时，最简单的办法是将产品的优点分成1、2、3、4条，从上到下一一列出，试图凭借这种方式打动买家。用户思维却能另辟蹊径，首先分析目标用户群体的实际需求，然后找到最贴合用户需求的产品特点，并且将其放大，这样做出来的详情页会显得更加灵动，更有设计感，也更容易引起客户的购买欲。

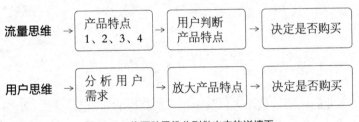

图15-1 依两种思维分别做出来的详情页

精细化运营，快速吸引客户

过去，很多人认为运营就是写软文、发广告，事实证明，这样做效果并不好。例如，当人们在浏览网页时，会看到各种各样的插件推广、弹窗广告等，甚至在手机屏幕上也有无数条广告，令人烦不胜烦。这些广告虽然能够给经营者带来利润，但是用户体验极其不好，很难获得长远的发展。

精细化运营则要求人们摆脱这种狂轰滥炸式的营销方式，把工作重点放在用户体验上，从用户思维的角度建立一个稳固的用户群体。通过结合渠道、转化流程和用户行为数据，对流失率较高的用户环节展开针对性的运营活动，以提升整体的目标转化率。

随着云计算、大数据等技术的逐步成熟，精细化运营有了更有力的支撑，即使是普通的淘宝店主，也可以使用数据分析技术挖掘用户数据，并进一步迭代优化产品，使得个性化运营成为可能，而这一切只需要投入很少的费用，应用数据分析技术挖掘用户数据，并进一步迭代优化产品，使得进行个性化针对性运营成为可能。像现在的很多数据分析平台都提出精细化运营，通过数据挖掘分析，帮助用户更好地跟着产品的节奏走，产品也能反向通过用户反馈以提出解决方案。

找到关键的种子用户

对于专业的运营人员而言，种子用户的获取非常重要，种子用户可以在小范围内验证产品的可行性，为店铺提供具有参考价值的意见，帮助店铺朝着正确的方向成长。

寻找种子用户的几点要求

创业是一件非常困难的事情，需要天时地利人和的密切配合，这个道理放在电商行业也同样适用。事实证明，大多数创业失败者根本没有找到一条可行的道路，他们连产品模式都没来得及验证成功，就坚持不下去了。而产品模式是否正确，则是影响店铺最重要的因素。

在店铺成立初期，我们能够吸引的用户数量很有限，店铺的成长速度和利润也很有限。在这段时间内，我们需要寻找一批价值较高的早期用户，也就是种子用户，对我们的产品模式进行验证，他们会对店铺的发展起到非常重要的推进作用。

早期用户不一定都能够成为合格的种子用户，对于种子用户的筛选，应当坚持以下几点原则。

1. 包容心强

由于种种原因，店铺在早期的过程中肯定充满坎坷，出现各种各样的问题，导致用户的购买体验并不好。因此，种子用户的第一准则是包容心较强，能够对店铺做得不好的地方予以理解，而不是第一时间举报、删除店铺。

2. 需求度高

当用户对产品的需求程度很高时，即使产品有某些不足，或者他们心里感到不满，他们也会继续使用，因为除此之外他们没有其他选择。为此，卖家可以通过发放优惠券、送赠品、传播经验等方式，提升店铺的特殊项，同时联络用户的感情。

3. 乐于进行互动

店铺需要依靠种子用户提出意见，因此种子用户最好是积极活泼的，乐于发表意见，并且愿意跟你长期互动，甚至一起改善店铺和产品。

4. 有一定的影响力

如果种子用户自带流量，就会给店铺带来更多的好处，例如他是某个圈子里的KOL，或者深度用户。当他成为种子用户，并且对你的店铺表示认可时，你就可以通过他将店铺的名声打出去。

如何找到种子用户

要寻找种子用户，最好的方法是裂变，一传十，十传百。在前期应尽量节省资金，未必要发展大批用户，但一定要寻找可靠的种子用户。

1. 发展熟人

这是最简单实惠的方式，向线上线下的朋友和亲戚告知自己的开业信息，请求他们帮自己传播信息。通常，他们也会乐意帮忙。开业使用微信群、QQ群等方式，让熟人先来试用，并且分享、转发。

2. 平台引流

种子用户通常是一些领域内的深度用户，他们大多混迹于各类网站，例如贴吧、天涯、知乎、今日头条等。应在这些网站上面持续发力，就有可能找到理想的种子用户。例如，出售婴儿用品的店铺，可以去母婴贴吧、育儿网站等发帖留言，或者赠送虚拟礼品。

3. 线下推广

在线下市场举办活动，或者直接将二维码打印出来，在人群较多的地方吸引同城的消费者，请他们留下联系方式，组成同城社群。这种方法的好处是距离较近，更容易增强信任感。

4. 老用户推荐

获取新用户的成本很高，效率却很低，而发动老用户推荐新用户，成本很低，效率却极高。可以向老用户允诺，邀请新用户购买产品，可以获得一定的奖励。

5. 蹭流量

有时，电商也可以采用蹭热度的方式，为自己的店铺赢取关注度。例如，微博上有很多企业的蓝V，他们会在热度较高的微博下发表评论，以活泼有趣的形象赢取微博用户的关注。

第四部分　客户服务

　　客户服务就是向客户提供服务，其中包括客服的一系列工作，以及客户关系的维护。客户是店铺最重要的资产，店铺的良好发展必须在服务好客户的前提下才能实现。在这一部分的内容中，您将了解到网店客服的职责和工作内容，客服人员的沟通技巧，以及针对客服的绩效考核等内容。

第十六章

标准化客服，快速吸引客户

　　客服是网店对接买家的一个渠道，客服人员通过网络向客户提供解答和售后等服务。客户进入店铺之后，第一个接触的人便是客服，因此客服的一言一行都代表着公司的形象。为了提升用户的满意度，必须对客服人员进行标准化培训。

专业客服，为店铺树立良好形象

随着电子商务平台的发展，以及网店数量的增多，网店客服的重要性越来越大。客服是店铺面对消费者的一扇窗口，在店铺的运营和推广、产品的销售，以及客户维护方面，起到了极为重要的作用。

网店客服的职责和工作内容

随着网购人员的增加，网店客服专员的工作显得格外重要，而且对人才的需求量也越来越大。网店客服工作内容看似简单，其实不然，客服不仅要解答买家的疑问，还有很多其他工作要做，下面我们一起来探究一下网店客服专员的工作内容都有哪些。

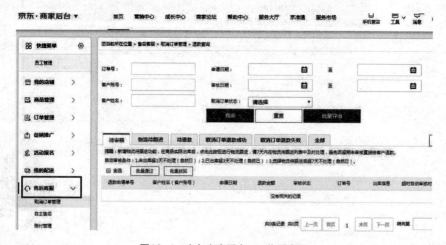

图16-1　京东商家后台——售后客服

图16-1是京东商家后台中的售后客服页面，工作人员可以通过这些选项进行售后操作，包括取消订单管理、自主售后、赔付管理等。

网店客服的日常工作内容：

（1）承接好前来咨询的客户，引导客户下单，完成销售业绩。

（2）及时查看后台订单，对已经下单的订单及时发货，核实客户的收货地址。

（3）处理好店铺的售后问题，降低退款率。

（4）将店铺后台订单情况反馈给店铺运营，及时调整运营策略。

（5）跟单催付：对拍下没有付款的客户，询问没有付款的原因，记录客户的顾忌，在下一次销售的时候，可以从容面对。

（6）维护好老客户。要与店铺的老客户保持联系，在活动或者节假日送去问候，提高店铺的回购率。

客服需要标准化培训

客户服务是企业面向消费者的服务窗口，唯有标准化培训才能提升效率。

1. 服务理念的标准化

在服务理念和价值观上，企业必须建立统一的标准，将客服人员纳入标准化的服务体系，并且最终落实为下意识的行为。只有拥有统一的服务价值体系，方能建立起相对应的奖惩考核体系，使得客户服务标准成为衡量工作绩效的标尺，使得全体员工的服务行为得到高度的统一和规范。

2. 工作能力的标准化

电商需要保证客服人员的工作能力，才能打造一支优秀的客户服务团队。因为客服是直接面对客户的，他们应当具备专业的产品知识和服务技能，优良的个人品质和素养，否则就难以胜任客服的职责。通常情况下，商家会建立一套胜任素质模型，从业务能力、个人修养、个人性格等方面，对客服进行全方位的考评。

3. 服务形象的标准化

在面对消费者时，客服代表的是公司的形象，他们的一言一行都会给消费者留下直观的感受，并且直接影响他们对公司的印象。因此在建立客户服务体系的同时，必须对店铺的形象进行评估，以便向消费者展现出风格鲜明、积极向上的良好形象。

4. 服务流程的标准化

通常我们将客户服务分为三个环节：售前、售中和售后。每一个环节的客户服务都需要多部门的协助和配合，才能发挥团队效应。而能串联起各部门的客户服务行为的就是企业所建立起来的服务流程。所谓服务流程，是指每一个具体的客户服务行为所必须经历的主要节点和处理过程。有了标准化的流程，才能将多部门、多人员的行为衔接成顺畅的主线，确保行为管理的规范性。

客服必备的沟通技巧

在与买家交流的过程中，客服人员需要表现出极为专业的素养，方能说服买家，为此客服人员必须掌握一定的沟通技巧。

售前客服准备技巧

在正式开售之前，客服人员的工作实际上就已经开始了，此时他需要为了即将到来的忙碌工作提前做好准备。第一，必须拥有一个平和的心态；第二，应该了解专业的知识；第三，还应当具备出色的沟通能力。

1. 良好的态度

俗话说"伸手不打笑脸人"，在面对买家时，保持善良亲和的态度，能够让客服人员在沟通时事半功倍。在沟通的过程中，要始终保持平和的心态，用礼貌对待买家，让买家如沐春风。

2. 深入了解产品信息

向买家介绍产品信息是客服工作的常态，因此客服人员必须提前了解自家产品的属性、包装、卖点等信息。

（1）产品属性：包括产品的规格、功效、价格等。

（2）产品包装：包括产品的包装方式、套餐和赠品的内容、邮递的方式等。

（3）产品卖点：产品和同类型竞品相比，有哪些优点和特殊之处，这往往是打动消费者的关键。

售中客服接待技巧

当买家浏览店铺时，客服应当向他们做出专业、全面的介绍，并且引导他们进行消费。

1. 打招呼的技巧

在与买家展开对话的时候，客服要在第一时间向买家打招呼，并且用热情大方的态度快速回复买家。因为买家买东西都会货比三家，可能同时和好几家联系，这时候谁第一时间回复，谁就抢占了先机。

2. 回复的技巧

当买家询问宝贝的存货时，客服人员可以对他说："您好，有货的哦，可以直接拍下。"或者："抱歉，这一款卖完了，我们还有另一款相似的也很不错，您也可以关注一下。"

3. 推荐的技巧

在沟通的过程中，客服也可以主动向买家推荐其他产品，但是不能盲目推荐，推荐的产品要与买家询问的产品有相关性。例如，买家对一款衬衫感兴趣，客服可以向他推荐风格相近的衬衫，或者打底衫、牛仔裤等用于搭配。

4. 商讨价格的技巧

在商讨价格的时候，以退为进或许效果会更好，客服应当站在消费者的角度，真正做到替买家着想，将店铺里正在进行的促销活动、优惠券等告知买家，更容易取得买家的好感，进而培养回头客。

假如买家在收了优惠券之后，仍然觉得价格太贵，客服人员应当顺着买家的意思，先承认他们说的贵，然后告诉他们物有所值，切忌和顾客反复争论价格。

5. 促单的技巧

无论采取何种方式的沟通，最终都要回到促单的环节上。对于客服而言，任何顾客都可能成为买家，在跟进时一定要把握好时机。可以告诉顾客库存不多，让他不要错过机会。

售后客服接待技巧

网店的售后服务，通常包括跟踪包裹、求取好评、处理投诉、退换货、建立资料库等工作。

1. 跟踪包裹

买家付款之后，店铺应当尽快发货，并且将通知发送给买家。除此之外，店铺应该主动跟踪包裹的去向，遇到意外，要尽快查清楚原因，并且及时通知买家。这种做法看起来烦琐，但是它能尽可能地消除差评。

在发货之前，卖家还应当了解一些快递包装的基本知识，学习一些简单实用的包装技巧。对液体、衣服、皮包、鞋子、书刊、首饰、电子产品等，要分别采取相应的包装方法，以此减少因包装不当而导致物品损坏的情况，避免给店铺造成损失。

2. 求取好评

在货物签收以后，卖家还可以主动联系买家，向买家询问购物体验，并且请他们打好评。

3. 处理投诉

投诉是不可避免的，顾客可能会因为各种因素而发起投诉，这将给卖家带来麻烦。客服的其中一项工作就是处理这些事务，解决纠纷。

4. 退换货

处理退换货也是客服常见的事务，退换货分为两种：一种是七天无理由退货，另一种是产品出现问题而退换货。这两种行为需要区别对待。

5. 建立资料库

对于不同的买家，客服应当总结他们的群体特征，包括年龄层、购物偏好、思维特征等。只有全面地掌握买家的情况，才能更好地针对目标消费者制定经营策略。

客服人员的绩效考核

一个优秀的客服，和一个平庸的客服，能够为网店带来的效益可以说是天差地别。为了对客服进行评估，必须针对客服人员进行绩效考核。

如何开展客服绩效考核

由于客服工作的特殊性，在开展绩效考核的时候，必然需要采取特殊的方法。一般而言，在考核客服人员的绩效时，不仅要观察实际效益，包括成单率、成交额等数据，还要将服务质量纳入考核范围，例如响应时间、服务评价等。

一个合格的客服，不要把眼光放在订单成交上，而是应当具备至少三种意识：

（1）销售意识：把产品的销售与成交当作工作重点，帮助店铺把产品推销出去，完成整个销售工作，为店铺带来利润。

（2）服务意识：深入研究消费者的需求心理和思维模式，在销售产品的同时，为他们提供优质服务，处理好售后问题，提升客户满意度。

（3）品牌意识：在工作时牢记公司的创业理念和企业精神，让客户能够感受到品牌的影响力。

销售意识，能根据店主的需求去销售产品；服务意识，能服务好客户、处理好售后问题；品牌意识，能让客户深层次地了解并认同店铺。

考核客服的7大指标

在考核客服的过程中，有7个指标是十分重要的，它们可以从不同的角度反映出客服人员的素质和能力。

1. 指标完成率（30分）

指标完成率，是指在每个考核周期内，客服人员实际完成的销售额和计划销售额的比例。可以用公式计算：

$$指标完成率=实际完成销售额/计划销售额×100\%$$

指标完成率越高，说明客服的工作能力越强，反之则越弱。

2. 咨询转化率（30分）

咨询转化率，是指消费者进入店铺，并且向客服询问之后，最终完成下单的比例。可以用公式计算：

$$咨询转化率=最终下单人数/询问人数×100\%$$

咨询转化率反映了客服的说服能力，它的数值越高，说明客服的说服能力越强。咨询转化率的最大值是100%，但是在现实生活中，这一数值几乎是不可能实现的。

3. 付款成功率（10分）

付款成功率，即顾客最终付款人数与下定单人数之间的比例，表示为：

$$付款成功率=最终付款人数/下单人数×100\%$$

4. 客单价（10分）

客单价，即是平均交易额，是指店铺内每个顾客平均购买商品的金额。它充分体现了客服人员的客户亲和度和工作能力。计算公式为：

$$客单价=销售总额/付款客户人数$$

5. 回复率（10分）

回复率，是指客服接待客户的比率，全部回复则为100%。回复率代表着客服人员对待客户的工作态度，会直接影响客户的心情。计算公式为：

$$回复率=回复客户数/总接待客户数×100\%$$

6. 回复时间（5分）

回复时间，是指从客户询单开始直到客服回应这一过程的时间差。一般来说，由于客服人员可能需要同时面对数个客户的询问，因此40秒的响应时间是相对正常的，熟练的客服能够把响应时间控制在30秒以内，它直接关系着对客户态度和客户关系的维持。

7. 执行力（5分）

执行力，是指客服人员在完成上级主管交代的任务的情况，由上级主管自由评分。

对以上所有评估结果做出评分，最终得到的分值，就是客服人员的考核评分，满分为100分，及格分为70分。评估分值应直接与薪资、提升奖金及后期培训、职位晋升挂钩。经长期教导无明显进步者，应终止聘用。

第十七章

客户服务管理，维护客户关系

客户关系管理是营销工作的重点之一，维护好店铺和客户之间的关系，能够为店铺带来大量的回头客，促进店铺运营的良性循环。客户关系管理注重的是与客户的交流，应当以客户为中心，而不是以产品或市场为中心。

网店客户信息管理

对于实体店而言，做好客户信息管理是一件十分重要的事情，它能收集客户的需求，并且据此提升服务水平，从而改善客户满意度，形成良好的市场口碑。在互联网时代，客户信息管理同样重要，其最终目标是吸引新客户，稳固老客户，以及将已有客户转为忠实客户。那么，如何进行规范管理呢？

1. 客户信息的收集

要做客户信息管理，第一步就是收集客户的信息。网店可以利用各种渠道和手段收集，最简单的方法是在网上收集客户的信息，例如从已成交订单中查找相关资料，或者在订单中附赠调查问卷，邀请买家填写更多的信息，例如职业、年龄、收入水平、喜欢在实体店购买还是网购、喜欢使用哪个网购平台等。

除此之外，也可以使用传统方式进行调查，例如电话咨询和当面交谈等，这些方式可以作为网络调查的有效补充，保证客户信息的全面性。

等网店做大做强之后，业务量和客户往来的数据变得极为庞大，此时可以考虑购买专业软件。使用专业软件，不仅可以有效地收集客户的数据，还可以提供客户来源分析、客户跟踪等多种功能。

客户信息收集之后，还需要对其进行进一步的加工，因为各种行业所需的客户信息千差万别，每个店铺关心的重点都不一样，为了使信息使用更高效，需要根据自身的需求，建立一套客户信息的使用标准，最大限度地取得有效信息。

2. 建立客户信息档案

在店铺运营初期，客户的信息量较小，此时可以用笔记在本子上。文本档案的好处是信息不易丢失，因为档案信息一旦修改，就会存有记录，但是劣势也很明显，随着档案的增多而逐渐占用空间，检索信息会变得极其不便。

严谨一点的可以用Excel文件记录下来，保存在硬盘上。建立Excel档案的好处是操作较为方便，可以随时调用，只需要输入关键字词，就可以迅速找到客户的信息。

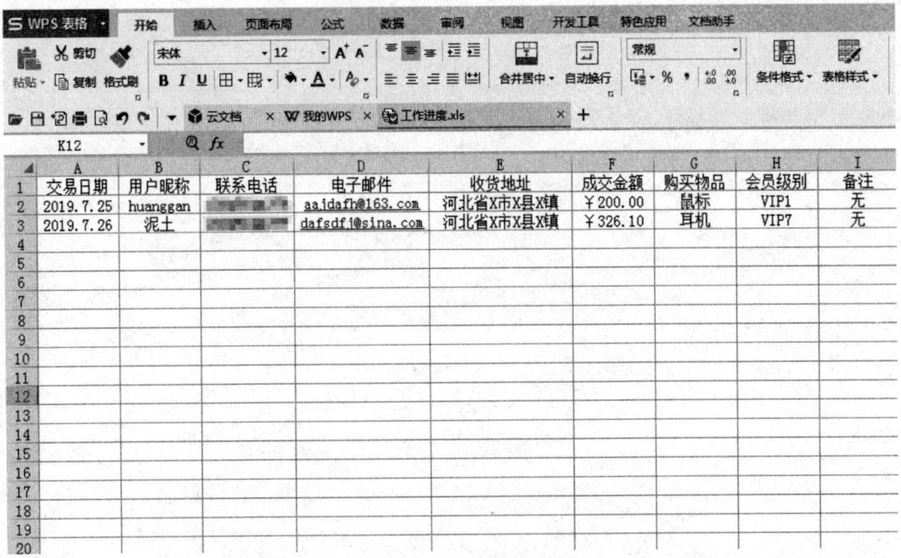

图17-1　用Excel建立客户信息档案

当店铺发展起来以后，客户信息就会变成一堆非常庞大的数据，依靠人脑和文本档案，很难对其进行有效管理，为了能够实现数据使用的便捷高效，需要使用电脑建立一套数据库。

3. 信息的分析和归类

客户信息的分析是指从大量的数据中提取有用的信息，包括全部客户群体的特点、年龄、性别、职业、工资状况、学历、收货地点等，也包括某些VIP客户的具体分析，以方便网店对客户进行有针对性的销售管理。

此外，按照消费潜力等因素，店铺还可以将客户分为意向客户、潜在客户、重点客户和终止合作客户等。

客户满意度管理

客户满意度，是指客户的购物体验和期望值的匹配程度，也就是说，客户对于这次网购是否满意。我们要了解提升客户满意度的意义，以及影响客户满意度的因素，提高客户满意度的方法。

马斯洛需求理论认为，人类有五种需求，就像阶梯一样，逐步提高。这五种需求分别是生理需求、安全需求、社交需求、尊重需求和自我实现需求。根据马斯洛的需求层次理论，我们可以对这个问题进行推导，进而得知影响客户满意度的因素，并且给出解决的方案。

1. 宝贝的质量因素

宝贝的质量和功能，是客户下单最主要的驱动因素，如果这方面出了问题，客户十有八九是要投诉的。在当前激烈竞争的市场上，企业必须把核心产品或服务做好，这一点是毋庸置疑的。

2. 店铺支持性服务

主要是指物流、包装、配送等服务，这些服务虽然看起来不是很重要，但它们会对整个购物体验产生影响。即使买家对产品比较满意，也不一定会对这些方面感到满意。通常，物流配送速度太慢，会引起买家的不满和投诉；而物品包装损坏，则有可能导致买家选择退货。在以较好的核心新产品或者服务为基础取得竞争上的优势很困难甚至不可能的情况下，企业可以提供与分销和信息相关的支持性和辅助服务，并通过这些服务逐步将自己同竞争对手区别开来，并为客户增加价值。

3. 买家和客服的互动

买家在浏览网页时，希望得到优质的服务，其中当然包括客服的接待和答疑。在互动的过程中，买家总是非常希望得到客服的尊重，即使有脾气不好的时候，也要求客服能够予以包容。如果店铺在这些方面做得不好，即使它提供了高质量的核心产品，客户仍然会感到失望，甚至会去购买竞争企业的新产品或服务。

4. 店铺的装修因素

在浏览网页的过程中，店铺的设计水平也会对客户的心情造成影响。例如，色彩的搭配、商品的分类、商品描述等，都会影响客户对店铺的认可度，影响客户的购买欲和满意度。因此，店铺装修应当结合心理学的因素进行，必须以简洁、流量、富有美感为原则，尽量避免杂乱无章的设计。

5. 网络安全因素

店铺有责任保护好买家的个人信息，避免导致信息被人窃取，给买家造成不必要的困扰和损失。虽然淘宝、天猫、京东、拼多多都有一定的安全保障措施，但是店铺仍然不能掉以轻心。网络盗取或许不会发生，但是生活中也要注意保护买家的信息，例如不要把买家的订单信息传到社交网站上，不要透露买家的收货地址和联系方式等。

后记
Postscript

曾几何时，网购还是一种新鲜事物，而今已经成了一种生活常态。伴随着时光的流逝，无数人怀着创业的梦想进入了电商行业，并且成功走上致富之路。

如今，市场上已经有很多介绍网上开店的图书，有些甚至出自我的朋友，因此我在编撰这本书时，心中其实充满了压力。在这些书当中，介绍淘宝、天猫的图书数量最多，其次是介绍京东的图书，拼多多由于起步较晚，因此与之相关的图书较少。

市面上的图书，大多数是在介绍网上开店的操作方法，作者们不厌其烦地一遍遍讲述网店账号的申请步骤、绑定银行卡的方法，教读者单击保存按钮、返回商家后台等操作。

如果我仍按照这样的方法去写，只会让读者浪费时间和金钱去购买一本几乎重复的书，读者面对着书中烦琐的操作，看完之后仍然会是一头雾水。因此我决定不再费力介绍简单的具体的操作，这些东西人们只需在网上一搜，便会立刻找到答案。

归根结底，淘宝、天猫、京东和拼多多这四大网络平台，只是在操作细节上略有不同，其经营原则是高度相似的。我决定从网店的本质入手，用简单易懂的语言，把网上开店的主要流程和基本原则讲述清楚，本书可以帮助读者养成正确的经营理念。

在编写本书的过程中，我也曾和许多电商朋友进行交谈，他们毫无保留地对我讲述了自己多年的从业经验，以及对网上开店的许多感悟。对于他们无私的贡献和帮助，我表示衷心的感激。